"Bottino di Guerra"
Le Marocchinate
Giovanni De Ficchy

La memoria è uno strumento molto strano, uno strumento che può restituire, come il mare, dei brandelli, dei rottami, magari a distanza di anni".

"Primo Levi"

Attraverso memorie, atti processuali, resoconti giornalistici, pagine di letteratura, interventi di rappresentanti delle organizzazioni femminili, si compone il quadro articolato e complesso di una realtà che solo a fatica è riuscita a emergere come una verità che nessuno oggi può più evitare di affrontare.

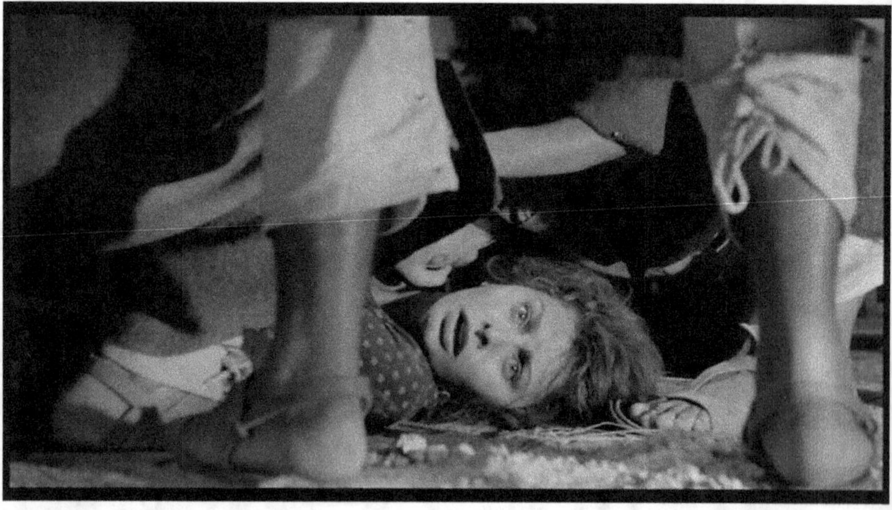

Prefazione

Ottant'anni fa, nella primavera del 1944, durante l'avanzata degli Alleati, in Ciociaria le truppe coloniali francesi si macchiarono di un orrendo crimine di guerra: gli stupri di migliaia di donne italiane.

 Si è trattata di una delle pagine più mostruose vissute dalla nostra popolazione civile durante la Seconda guerra mondiale, e la circostanza che non si parli della tragedia, offre la caratura di quanto questi misfatti siano stati rimossi dalla coscienza morale collettiva.

Ho sentito l'esigenza di comprendere perché la mia terra fosse tanto amata e odiata allo stesso tempo, perché fosse tanto disprezzata e ignorata sia dai suoi abitanti che nel resto d'Italia, e la motivazione che mi sono dato è stata l'assenza di una memoria storica riconosciuta e condivisa, o il desiderio di negare questa memoria.

Allora a quel punto ho capito, più che razionalmente, emotivamente la storia.

Ho capito che un punto di non ritorno era la Seconda guerra mondiale, una frattura insanabile che in Ciociaria è stata devastante.

Verità rimosse, messe sotto il tappeto, ma sul quale continuano a uscire verità documentate.

Fra le ultime e più significative, il fatto che Charles de Gaulle si trovasse sul posto mentre, in Ciociaria, migliaia di civili innocenti, donne, uomini, bambini, anziani venivano violentati, torturati, depredati, uccisi, dalle truppe coloniali francesi (Cef), aggregate agli Alleati.

Di questi episodi, passati alla storia con il termine "marocchinate", non è mai stata verificata l'entità né le responsabilità politiche e militari.

Questo libro cerca di investigare la vicenda di un crimine di guerra che per decenni è stato volutamente occultato nei sotterranei della storia.

Le donne sono considerate parte del bottino di guerra, lo stupro viene minimizzato come naturale conseguenza del fatto che gli uomini sul fronte sono lontani dalle loro famiglie, che i soldati meritano un compenso alle loro fatiche, un sollievo allo stress.

Un onore che gli uomini in armi avrebbero dovuto proteggere:
 Per questo in una visione, come quella francese, dove la protezione della donna rappresentava un tema centrale, lo stupro sollecitava "l'angoscia prodotta dal senso di fallimento degli uomini, dalla loro incapacità, dalla loro impotenza".
Usato inoltre, per terrorizzare i civili e distruggere le comunità.
È un modo "naturale" di dimostrare il loro coraggio e la loro virilità.

Il fenomeno diffuso dei bordelli di guerra al seguito degli eserciti ne è una dimostrazione.

Insomma, il fenomeno è ancora una volta frutto dello stereotipo secondo cui la violenza appartiene al maschio e subirla è destino delle donne, sempre inevitabili vittime.

Rappresentato magistralmente nel film "La Ciociara" di De Sica, a un certo punto Sofia Loren con la figlia, appena stuprate, incontrano alcuni alleati, di cui un francese su una jeep, che ignorano il loro lacerante grido di dolore e passano oltre.

La storiografia tradizionale, le poche volte che ne ha trattato, ha circoscritto questi orrori a qualche centinaio di episodi verificatisi nell'arco di un paio giorni nella zona del frusinate.

Il ricordo popolare ha spesso preferito barricarsi dietro il muro del silenzio, cercando di nascondere o dimenticare i crimini subiti e solo recentemente sono stati restituiti alla collettività i terribili avvenimenti di allora.

La guerra annichilisce le coscienze e abbrutisce sia i soldati che la popolazione civile e con lo stupro di guerra l'uomo rinuncia al suo stato di essere umano per diventare bestia (non animale!) ed esercitare un potere ed una violenza che persiste anche dopo decine di anni.

Le ferite del corpo si rimarginano quelle della coscienza no, diventano silenzio, omissioni e vergogna, amplificate dalla ferocia e dalla barbarie con cui quell'atto è stato commesso nel 1944 nel basso Lazio, ma che è stato commesso sempre nei secoli ed è commesso anche ora.

La memoria di uno stupro di massa rimane impalpabile in un intero territorio per molte generazioni.

Nel suo libro "La colpa dei vincitori" (Piemme) Eliane Patriarca, giornalista francese di origini italiane, racconta la storia di quei terribili giorni di violenza e le testimonianze di chi ha visto e ha scritto.

Si è una guerra nella guerra, perché è quasi un ultimo istinto biologico alla vita prima della morte.

In fondo lo stupro di guerra è un tentativo di cambiare la genetica di un luogo, di continuare a combattere il nemico contaminando per sempre la sua donna e la sua prole.

Non è un caso, infatti, che in tutte le culture, le donne violentate in particolare in guerra, vengano considerate contaminate e come tale disprezzate e compiante per tutta la vita da tutta la comunità.

Moltissime marocchinate non riuscirono mai più a rifarsi una vita perché isolate dalle proprie famiglie e dal paese.

Le vittime di qualsiasi tipo di eccidio vengono onorate, le donne stuprate sono una vergogna che non ha fine.

Ecco perché la guerra abbrutisce, perché annulla gli esseri umani sia che siano essi le vittime o i vincitori.

La guerra non ha vincitori, ha solo vinti.

Scrive lo scrittore Frédéric Jacques Temple, allora soldato dell'esercito francese, in "Les Eaux mortes": "Stesa sui cuscini sventrati, ancora giovane, con la gonna alzata fino al viso, un viso di cenere incorniciato da bei capelli neri. I neri, grandi e grossi, si lavoravano metodicamente quella donna aperta a forza, ora silenziosa e inerte, che aveva da molto tempo smesso di lamentarsi sotto le violente spinte.

Nessuna tregua tra un uomo e l'altro.

Erano più di cento, con i pantaloni abbassati e la verga in mano, in attesa del loro turno.

Un ufficiale se ne stava vicino alla porta".

Migliaia di donne di tutte le età, giovani e anziane, furono violentate e abusate con estrema crudeltà, anche da centinaia di soldati.

Chi si ribellava veniva ucciso, gli uomini violati a loro volta.

 La violenza era perpetrata da più soldati insieme, perché innanzitutto serviva ad immobilizzare gli uomini, ma anche laddove non c'era resistenza da parte dei familiari, si muovevano in gruppi, composti da circa dodici persone.

La violenza era terribile: le vittime venivano dapprima malmenate brutalmente, molte perdevano anche i denti a causa delle forti percosse e poi c'era la violenza sessuale.

 Se avessero opposto una eccessiva resistenza, gli avrebbero sparato direttamente.

In moltissimi casi le famiglie erano costrette ad assistere agli stupri, genitori, figli, mariti obbligati a guardare prima lo stupro e poi l'assassinio della malcapitata.

Secondo alcune stime furono molte decine di migliaia le vittime.

E se le donne anziane non vennero risparmiate da percosse e abusi, alle giovani andò ancora peggio: vissero decenni con il marchio d'infamia della "marocchinata", restarono incinte degli stupratori, morirono suicide o divorate dalle malattie veneree rese letali dalla povertà e dalle scarse condizioni d'igiene.

Solo nei costumi tribali di crudeltà la sconfitta del nemico doveva accompagnarsi con l'umiliazione più abbietta e l'annientamento fisico dell'uomo e la violenza delle donne.

Lo stupro in guerra ha caratterizzato periodi cruciali della storia contemporanea, trasformando il corpo delle donne in un campo di battaglia e strumento di sottomissione.

Questo reato terribile è un evento che induce una crisi esistenziale avendo un forte impatto sul vivere per sé stessi, vivere insieme e vivere in connessione.

È la fonte della sofferenza mentale, psicologica e fisica.

Anche dopo diversi anni, la maggior parte delle donne violentate conserva un ricordo traumatico dell'evento.

Le conseguenze dello stupro sull'alterazione dell'identità femminile sono indiscutibili.

Infatti, nelle modalità con cui queste violenze sono state perpetrate, nel fatto, ad esempio, che ne siano state oggetto anche donne anziane (settantenni, ottantenni), c'è qualcosa che va al di là dello stupro, per così dire, "ordinario", ammesso che si possa usare tale termine.
È un odio accreditato dal pregiudizio, che si alimenta ad una sorta di diritto di prevaricazione, qualcosa che a noi occidentali ricorda il nazismo, ma che forse ha radici più antiche ed inveterate.
È un odio che uccide ogni possibile idea di convivenza, di dialogo, di incontro, perché stupra le coscienze.
Né la *Ciociara* Moravia faceva dire a Cesira, la protagonista: «*Uno dei peggiori effetti delle guerre è di rendere insensibili, di indurire il cuore, di ammazzare la pietà*»

Alle donne tocca sempre il prezzo più alto, quello di pagare con il corpo un tributo al nemico.

Molte di quelle donne furono poi emarginate dalla comunità a causa dei pregiudizi di allora, ripudiate dalle famiglie e, a centinaia, finirono suicide o relegate ai margini.

Una scia di sofferenze fisiche e psicologiche, quindi, che si trascinò per decenni.

Annientare un popolo, nei rituali di guerra di ieri e di oggi, significa prendere possesso del suo futuro, stuprando donne che partoriranno figli "bastardi". Profanare i corpi delle donne al fine di distruggere un popolo.

In fondo le marocchinate sono una tragedia nazionale e non solo, tutta una nazione venne umiliata come sempre viene umiliata quando si registrano casi di stupri.

Umiliata prima dagli eserciti, poi dalla nostra società.

Dopo la sconfitta ad El Alamein e lo sbarco anglo-americano in Algeria e Marocco nel 1942 le truppe italo-tedesche si spostano in Tunisia, dove resistono per diversi mesi alle truppe inglesi che premono da oriente ed a quelle americane che spingono da occidente, ma ai primi di maggio del 1943 la resistenza in Tunisia cessa: il prossimo passo degli alleati sarà l'invasione del continente europeo.

Ovviamente con la conquista del Nord Africa gli alleati hanno la possibilità di costruire nuovi campi di aviazione, le città del centro sud si trovano così nel raggio operativo dei bombardieri anglo-americani; lo scopriranno molto presto gli abitanti dei centri abitati siciliani, che verranno pesantemente bombardati, così come Roma, colpita dal primo bombardamento alleato il 19 luglio 1943.

«Bisogna che non appena questa gente tenterà di sbarcare, sia congelata su questa linea che i marinai chiamano del bagnasciuga».

Il 'discorso del bagnasciuga', l'ultimo discorso a palazzo Venezia prima che il regime crolli, è pronunciato da Benito Mussolini al Direttorio del Partito nazionale fascista il 24 giugno 1943, ma viene comunicato alla stampa e all'Eiar soltanto il 5 luglio, pochi giorni prima dello sbarco alleato in Sicilia (è la prima volta, nella storia del fascismo, che viene reso pubblico un discorso fatto ad uso interno).

Ci dà il senso di completo distacco dalla realtà di Mussolini, era completamente divorziato, rispetto a ciò che stava per accadere.

Sfortunatamente in molti erano convinti che lo sbarco degli Alleati in Sicilia sarebbe stato accolto da una forte resistenza.

Ne era convinto anche Vittorio Emanuele quando disse a Dino Grandi: "Le nostre truppe resisteranno, combatteranno".

Nella realtà era vero che in Sicilia erano stati schierati più di 300.000 uomini, ma erano quasi privi di mezzi, e dovevano controllare un territorio enorme.

Dopo aver occupato a giugno le isole di Pantelleria e Lampedusa, il 10 luglio 1943 la più imponente flotta da guerra che abbia mai solcato i mari fa sbarcare sulle coste meridionali della Sicilia centosessantamila soldati alleati, insieme a migliaia di veicoli, attrezzature e armamenti.

Quindi i soldati di stanza in Sicilia, non pochi in numero ma male armati, videro riempirsi l'orizzonte delle navi delle truppe anglo-americane, pronte a sbarcare sul suolo italiano, imponendo una svolta radicale al conflitto mondiale.

Le sei divisioni costiere italiane si squagliano, la resistenza allo sbarco viene dalle quattro divisioni definite mobili, ma che di mobile avevano ben poco: la Livorno, la Napoli, l'Assietta e l'Aosta, ma i mezzi a disposizione, tra armi e munizioni sono quel che sono e nel giro di pochi giorni buona parte della resistenza italiana cessa e saranno le truppe tedesche a farsi carico di rallentare l'avanzata alleata.

La resistenza durò soltanto qualche giorno e crollò, di fatto, quando gli Alleati, dopo essersi impadroniti d'Augusta, avanzarono rapidamente sino a Palermo dove furono accolti da manifestazioni di giubilo.

Quella notizia non fu pubblicata dai giornali, ma passò da un orecchio all'altro e fu ragione di sgomento per molti italiani, non necessariamente fascisti.

Non deve stupire dunque se alle prime luci del giorno successivo il Re con la sua famiglia, Badoglio con alcuni generali ed altri dignitari, abbandonarono Roma diretti verso Ortona da dove si imbarcarono sulla corvetta "Baionetta " per raggiungere Brindisi, che divenne sede provvisoria del governo.

Questa fuga ignominiosa, ma ancor più la mancanza di precise direttive, lasciava l'esercito italiano, impegnato su più fronti europei di guerra, senza guida, in balia degli eventi.

Era successo un fatto a New York un anno prima, cioè la collaborazione tra la Naval intelligence, i servizi segreti della marina statunitense e quella che allora si chiamava Unione siciliana, oggi più propriamente nota come mafia, nella persona del grande boss Lucky Luciano.

Per capire come siano andate le cose bisogna fare un salto all'indietro, a quel 1941-'42 in cui gli U-Boot tedeschi fanno strage dei convogli anglo-americani che portano rifornimenti in Europa, e in cui la pur formidabile macchina produttiva americana non riesce a rimpiazzare le navi affondate in Atlantico.

L'episodio che più insospettisce avviene il 9 febbraio 1942 quando l'ex transatlantico Normandie, convertito in unità da trasporto truppe, prende misteriosamente fuoco e si capovolge alle foci dell'Hudson: si pensa a un sabotaggio e si sospettano di spionaggio gli italo-americani di New York (in realtà una commissione d'inchiesta stabilirà che si era trattato di un incidente).

Due boss, Joseph "Socks" Lanza e Meyer "Little Man" Lansky vanno segretamente a incontrare in carcere Charles "Lucky" Luciano.

Il terreno è assolutamente favorevole a un compromesso: i mafiosi, per quanto le autorità statunitensi non se ne rendano conto, sono animati da patriottismo e inoltre gli americani hanno simpatizzato con i loro confratelli siciliani messi in carcere da Mussolini.

Lansky, gangster newyorkese, è uno dei pochi non italiani, ma è ebreo, e quindi odia Hitler per le persecuzioni antiebraiche in Europa.

Nessuna sorpresa, quindi, quando Luciano dichiara che il porto di New York sarebbe stato completamente dalla parte degli Alleati.

E nessuna sorpresa, nemmeno, che le autorità americane non si pongano problemi morali: l'imperativo numero uno è vincere la guerra.

Allora e i servizi segreti della marina, si fecero prendere dal panico di fronte ai grandi successi ottenuti dai sommergibili tedeschi nella guerra sottomarina dei primissimi mesi dell'ingresso degli Usa nel conflitto.

La collaborazione serviva quindi per scovare e colpire le spie nei porti americani, che erano ben nascoste nella numerosa comunità italoamericana e, che uno dei massimi responsabili dell'intelligence, addetto alla sicurezza portuale, il maggiore Radcliffe Haffenden, decise di prendere i primi contatti con il gangster Lucky Luciano.

Pensarono di avere un grande problema di sicurezza, perché tra i pescatori potevano annidarsi spie che avrebbero agevolato le operazioni tedesche e possibili sabotaggi nel grande porto di New York.

Il boss, infatti, nonostante stesse scontando in carcere una condanna a cinquant'anni per sfruttamento della prostituzione, continuava a controllare le attività illecite del porto tramite il suo affiliato Joe Lanza.

E ricorsero a un'operazione tradizionale del management delle imprese americane cercando un accordo per mantenere l'ordine con i vertici della grande criminalità che controllavano l'International Longshoreman's Association (Ila), il sindacato dei portuali.

Luciano era in galera durante lo sbarco.

Quindi gli Stati Uniti si rapportarono all'una e all'altra mafia, quella americana e quella siciliana, in un momento che per eccellenza usiamo definire di grande storia.

Nell'atto di scarcerazione c'era scritto che venisse espulso verso l'Italia: non è che lui lo gradisse, non aveva nessuna voglia di spostarsi, per lui l'Italia era un Paese straniero, era andato via a 9 anni e si era sempre dichiarato americano.

Così, quando il legale Allen Dulles e futuro direttore della Cia andò a trovarlo in carcere a New York con la protezione del prosecutor Thomas Dewey, ex nemico pubblico n.1 di Lucky.
Eletto poi in seguito, governatore dello Stato di New York City, con le sovvenzioni – un milione e mezzo di dollari – dello stesso Lucania.

Le campagne elettorali, si sa, costano....

Un altro servigio reso da Lucky Luciano fu quello di segnalare agli americani i mafiosi residenti in Sicilia che avrebbero certamente cooperato al momento dello sbarco in Sicilia.

Salvatore Lucania nasce mafioso e muore agente sotto copertura dei servizi di sicurezza americani, con domicilio coatto a Napoli.

Lucky Luciano nasce gangster, e muore mafioso.

Nasce nemico degli Stati Uniti, muore amico degli Stati Uniti; muore in Italia, è seppellito in America; in questi tre paradossi sta l'esistenza di Lucky Luciano.

Il servizio segreto della Marina statunitense sapeva il ruolo che la mafia aveva in Sicilia ed era ben documentato sui rapporti intercorrenti tra essa e Cosa Nostra in America.

Uno di questi ufficiali, il tenente Paul A. Alfieri, in seguito dichiarerà: «Furono molto disponibili a cooperare e di grande utilità perché parlavano sia il dialetto della regione sia un po' d'inglese».
Ancora una volta non si sa come siano andate esattamente le cose.

I mafiosi dovevano agevolare lo sbarco e la successiva avanzata delle truppe, comunicando informazioni sulla zona di operazione e, specialmente, mediante "contatti "con gli "amici influenti "delle varie zone dell'Isola, collaborare per aprire la via all'armata americana.

Il dipartimento della ricerca navale creò la sezione risorse umane che promosse una serie di studi concedendo cospicui fondi.

Il principale interlocutore di Lucky Luciano nell'isola fu, appunto, don Calogero Vizzini, il quale aderì al progetto, unendo insieme le forze dei latifondisti affiliati al Mis - e dei mafiosi - a quelle dei servizi segreti americani.

"Ufficiale di collegamento" fra Vizzini e Luciano era il criminale Vito Genovese che, dall'America, era ritornato in Italia già nel 1938.

Lo ritroviamo in una fotografia mentre posa, in divisa americana, accanto al bandito Salvatore Giuliano, mentre, in un'altra foto, si riconosce il mafioso italo-americano Albert Anastasia, sempre in uniforme, inquadrato in un

reparto di fanteria il cui gagliardetto consisteva in una grande "L" gialla (da "Luciano") in campo nero.

Lo stesso vessillo è, incredibilmente, apparso attaccato su un'auto in una foto del 2010 - del tutto inedita - scattata da Massimo Lucioli, insieme a due altri testimoni, nel paese di Cassibile (SR) durante la celebrazione dell'armistizio siglato con gli Alleati nel '43.

La vettura sconosciuta è passata di fronte alle autorità statunitensi mentre la banda U.S. Navy suonava l'inno a stelle e strisce.

La vicenda dell'emblema con la "L", per quanto già nota a livello locale, non è mai stata presa sul serio a livello della storiografia nazionale.

Dobbiamo quindi considerato che la mafia abbia contribuito a vincere la Seconda guerra mondiale e gli dobbiamo in parte la libertà che abbiamo ottenuto con la vittoria sul nazifascismo.

La Sicilia liberata sarà interessata da molte iniziative gradite agli Stati Uniti, tra le quali lo sfruttamento dei giacimenti petroliferi, valido fino agli anni '60.

È più che verosimile pensare con l'operazione Husky, le armate americane si siano presentate sulle coste siciliane forti di un preventivo accordo con la mafia.

La Campagna di Sicilia ha prodotto migliaia di morti su entrambi i fronti ed è il primo passo per la conquista dell'Italia da parte degli Alleati.

Nel 1957 Leonardo Sciascia si chiedeva:

"Sarebbe interessante fare un elenco di tutti i capimafia che sotto 1'AMGOT subito trovarono ca-richi e prebende; e dire come, sotto così esperte mani, subito si organizzò il mercato nero.

C'è da chiedersi se ufficiali di Stato Maggiore non portassero, insieme ai piani dello sbarco, precise liste di "persone di fiducia "che – guarda caso! – erano poi il fiore dell'onorata società: nel qual caso avremmo la prova migliore della potenza della mafia americana e del rapporto da questa costante-mente mantenuta con la mafia siciliana ".

Ai desideri di Sciascia risponde un documento trovato da Roberto Ciuni negli archivi USA.

Il 21 luglio 1943, Patton ricevette dal quartier generale di Alexander un rapporto dettagliatissimo.

Il rapporto aveva come oggetto: Mafia Personalities.

 Si trattava di un elenco di persone "considerate membri della mafia", scritto grazie ad informazioni fornite al 15° Gruppo d'Armate alleato da gruppi francesi che lo consideravano abbastanza attendibile.

Nell'elenco si leggono i nomi di 18 palermitani, con la relativa zona d'influenza e in alcuni casi addirittura con l'indirizzo.

 Numerose erano le "personalità mafiose" abitanti nelle borgate palermitane o nei paesi della Sicilia che dovevano essere contattati.

È più che provato che i servizi di sicurezza statunitensi, si confrontarono in maniera preventiva, con i gruppi i mafiosi isolani e col movimento separatista che in quella particolare fase li rappresentava politicamente.

Venne "caldamente consigliata" la diserzione e il sabotaggio per evitare conseguenze spiacevoli per loro e le loro famiglie.

"il boss mafioso Genco Russo e i suoi sgherri avevano fatto intendere che c'erano parecchi malintenzionati che li avrebbero fatti fuori prima dell'arrivo degli anglo-americani".

Ecco perché due delle quattro divisioni mobili italiane di stanza in Sicilia si sfaldarono, in buona parte, all'arrivo degli angloamericani.

Notizie sulle cosiddette "marocchinate" in Sicilia, sono riportate da Bruno Spampanato in "Contromemoriale".

Gli stupri delle truppe marocchine cominciano già nel luglio '43, con lo sbarco alleato in Sicilia.

A Troina (EN), poi, cominciarono gli stupri, le uccisioni e le razzie del reparto Tabor.

L'Isola patì a causa della guerra più di qualsiasi altra regione d'Italia: bombardamenti a tappeto, carestia, banditismo, mancanza di lavoro, stragi, ecc.

Dove passarono le truppe francesi, accaddero cose mai viste in quelle terre: stupri, rapine, saccheggi, omicidi, evirazioni e torture furono all'ordine del giorno

In Sicilia, dopo le bombe, la fuga e la fame, arrivarono gli stupri.

Appena sbarcati in Italia i Goumiers fecero subito vedere di che pasta erano fatti, in Sicilia, infatti, essi cominciarono a razziare e sequestrare donne del luogo considerandole "bottino di guerra" e le portarono via come prostitute.

La Sicilia fu la prima e la sola regione italiana a essere "occupata" e i siciliani furono gli unici italiani a essere definiti e trattati da "nemici".

Le stragi di prigionieri italiani iniziarono con l'invasione.

La prima, fino a questo momento conosciuta, fu compiuta a Gela verso le sette del mattino del 10 luglio 1943.

L'eccidio si consumò a 8 chilometri da Gela, sulla Statale 115 per Ragusa.

 In località chiamata Passo di Piazza, i Reali Carabinieri avevano costituito un "posto fisso".

I militari, al comando del vicebrigadiere Carmelo Pancucci di Agrigento, dovevano vigilare la linea ferrata che correva parallela al mare, poco distante.

Erano una quindicina.

Per fortuna però al momento della strage due erano di pattuglia, come da ordini, nonostante fosse in corso lo sbarco.

Dopo la resa della "stazione", secondo alcuni documenti ufficiali, i carabinieri furono prima disarmati, perquisiti e derubati di tutto quello che avevano di prezioso; poi furono messi allineati al muro vicino al pozzo con le mani sulla testa e fucilati alla schiena.

Otto rimasero sul terreno.

Tra questi, certamente morì, Michele Ambrosiano, richiamato e padre di cinque figli.

Un carabiniere della provincia di Avellino, Nicola Villani, fu ferito gravemente.

Tre si salvarono con certezza: il vicebrigadiere Pancucci e i carabinieri Francesco Caniglia di Oria, Brindisi, e Antonio Cianci di Stornara, in provincia di Foggia.

Quelle avvenute in Sicilia nel 1943 sono tra le pagine più nere della storia militare americane.

Pagine sulle quali gli storici negli Stati Uniti di-scutono da molti anni, mentre in Italia queste vicende sono pressoché sconosciute.

A corto di uomini, prevedendo l'intensificarsi dei combattimenti in Normandia come in Italia, gli Alleati avevano chiesto rinforzi ai francesi.

E sul fronte italiano furono spediti i nordafricani, che così descrisse lo scrittore marocchino Tahar Ben Jelloun: "*Era gente abituata a vivere sulle montagne. Pastori, piccoli agricoltori, gente misera.*

I francesi li rastrellarono, li caricarono sui camion, con un'azione violenta di sopraffazione, e li portarono a migliaia di chilometri da casa a compiere altre violenze.

Le loro azioni brutali vanno inquadrate in questo contesto".

Nelle università nordamericane ci sono corsi dedicati a queste stragi, come quello te-nuto a Montreal sul tema "**Dal massacro di Biscari a Guantanamo**".

N° ..4.4...

OGGETTO: Rapporto giudiziario di
omicidio di Battisti Pasqua
di Pasquale, ad opera di due
militari Marocchini rimasti
sconosciuti.

Alla R. Pretura di

PRIVERNO

Giandarmeria francese d'Algeri

e p. c. Al Comando della Tenenza

Carabinieri Reali di

SONNINO

Verso le ore 15 del 30/5/1944- siamo venuti a conoscenza che in località "Valle S. Maria" territorio di Maenta, due soldati Marocchini avevano ucciso con un colpo di pistola certa Battisti Pasqua di Pasquale, e di Pecorari Natalina, nata a Carpineto Romano il 23 giugno 1923- nubile, e qui residente in Contrada "Valle S. Maria", perchè questa si era rifiutata a congiungersi carnalmente con loro.

Alphonse Juin,

"Maltrattamento di popolazione civile".

 È questo l'oggetto del memorandum datato 24 maggio 1944 e firmato dal generale Alphonse Juin, che getta nuova luce sui **crimini di guerra** ai danni della popolazione italiana nel 1944 ad opera dell'esercito coloniale francese.

Documento rinvenuto tra i faldoni dell'Archivio di Stato, oltre 15mila fascicoli. Un documento in cui il generale Juin mette nero su bianco (e comunica al Comando Alleato) l'arrivo di innumerevoli segnalazioni di "atti di brigantaggio, di rapina armata e di ratto" ai danni degli italiani e ne individua la ratio in quelli che definisce i "nostri sentimenti nei confronti di una Nazione che odiosamente tradì la Francia".

In particolare, nel memorandum il comandante del Corpo di spedizione francese in Italia Juin scrive di essere "stato colpito dalle lamentele a lui indirizzate dal A.M.G. relativo alle condotte di alcuni elementi francesi nei riguardi delle popolazioni civili italiane durante la recente avanzata. Sono stati commessi atti di brigantaggio, di rapina armata e di ratto contro le popolazioni che vivono nelle zone avanzate e che si lamentano amaramente presso Autorità Alleate.

 Vi è certamente la possibilità di esagerare i fatti, comunque fanno correre il rischio di discreditare un esercito che è composto in massima parte di truppe coloniali".

Dopo aver preso atto dei fatti, Juin ne spiega implicitamente le ragioni: "Comunque forti possano essere i nostri sentimenti nei confronti di una Nazione che odiosamente tradì la Francia - scrive - noi dobbiamo mantenere un'attitudine dignitosa.

 L'esercito francese si è guadagnato sul campo di battaglia italiano la considerazione di tutti.

 Sarebbe facile cementare questa reputazione adottando una scorretta abitudine in un paese conquistato, verso un popolo che sta attualmente sperimentando tutti gli orrori della guerra e la cui responsabilità della sua amministrazione.

Il Comandante Divisionale e il generale comandante dei Gaume - è l'esortazione, dunque, del generale - prendano pertanto i necessari provvedimenti indispensabili per por termine a tutti quegli atti che vanno a detrimento della morale e della dignità del vincitore".

Al comando dell'armata coloniale di Vichy, nel novembre 1942 si arrese alle truppe statunitensi.

Venne prima messo a capo di truppe in Tunisia, poi al comando del corpo di spedizione francese in Italia.

Nel 1943 si posizionò con le sue truppe durante le battaglie di Cassino nella zona più vicina alla costa tirrenica della linea Gustav.

Ed è alle truppe di Alphonse Juin che sono addebitati i turpi delitti, detti "marocchinate", commessi all'epoca ai danni della popolazione civile

Di fatto, nessun ufficiale riuscì a frenare la violenza dei soldati.

Molte, ma i dati esatti mancano anche per la ritrosia delle donne a farsi visitare, si ammalarono di sifilide e blenorragia. In tante cercarono di dimenticare, senza un riconoscimento dell'abuso subìto, un risarcimento.

 La ragion di Stato impedì di porre la questione nelle trattative di pace.

L'Italia doveva conquistare consensi negli organismi internazionali, farsi perdonare il peccato originale della guerra a fianco di Hitler.

Facendo una valutazione complessiva delle violenze commesse dal Corpo di Spedizione Francese, che iniziò le proprie attività in Sicilia e le terminò alle porte di Firenze, possiamo affermare con certezza che vi fu un minimo di 60.000 donne stuprate, e ben 180.000 violenze carnali.

Un ufficiale dell'esercito italiano descrisse così il comportamento di queste truppe:

"Chiunque si trovi sulla loro strada viene attaccato con una mano armata [...]. Si impadroniscono di tutto [...], e se ci sono donne nel gruppo, vengono violentemente spogliate nude in caso di resistenza. Se, ad esempio, si precipitano in qualche fattoria ancora abitata, si dedicano a un vero e proprio saccheggio; Di conseguenza, armi alla mano, cacciano gli uomini dalle case e stuprano le donne senza alcun rispetto né per i giovani né per gli anziani. […] In tutti i casi, si deplora che gli atti di violenza carnale siano accompagnati da colpi molto violenti. I referti medici menzionano nelle loro diagnosi deflorazioni associate a lesioni multiple, contusioni e altri traumi [...]. Nel complesso, si può affermare, senza rischio di essere smentito, che il 90% delle persone che hanno attraversato l'area di operazioni delle truppe marocchine sono state derubate di tutti i loro averi, che un gran numero di donne sono state violentate e che c'è stato un numero significativo di uomini che sono stati sottoposti ad atti contro

Si verificarono dall'inizio della campagna d'Italia, quando la risalita della penisola da parte delle truppe Alleate, impegnate a ridare al Paese la libertà, non riuscì o non volle impedire l'ondata di volenza dei 'goumiers', i soldati marocchini reclutati dal generale francese Alphonse Juin e inquadrati nel IV Tabor, che rappresentò la Francia nell'operazione Husky.

I fatti sono documentati dalla Gazzetta del Mezzogiorno n.141 che riporta de Gaulle mentre decora le proprie truppe nella Valle del Liri il 21 maggio 1944 e la testimonianza diretta di un ufficiale francese, **Jacques Robichon**, (1920-2007) che nel suo libro *“Le corps expéditionnaire français en Italie”* certifica senza alcun dubbio come nei giorni delle più atroci violenze nella zona di Esperia (FR), il comandante in capo francese si trovasse proprio sul posto.

Gli ufficiali francesi, che avrebbero dovuto garantire la legalità e tenere a freno i soldati, chiusero gli occhi.

Il termine "goum" inizialmente si riferiva all'unità di polizia coloniale creata dai francesi in Marocco nel 1908.

Inizialmente utilizzati per sedare le rivolte nel regno di Cherifian, i goumiers furono utilizzati al di fuori del territorio marocchino e impegnati in altri conflitti della Prima guerra mondiale.

Vestivano in maniera particolare, con uniformi pittoresche, che incutevano paura: i *djellaba*, l'abito nazionale, una tunica di lana grezza a righe grigie dal colore variabile tra bianco, nero e marrone.

I colori tradizionali delle montagne dei Chleuh.

Poi, come copricapo, un cappuccio ampio, il *koub*, resistente alla pioggia perché confezionato con pelo di capra.

Sul capo, un turbante.

Da solo o sotto un elmetto.

Ai piedi, dei sandali: i *nails*.

Abituati alla vita dura di montagna nel freddo e nella mancanza di cibo, quelle truppe vennero utilizzate come carne da macello per gli assalti più sanguinosi. E loro risposero come sapevano.

Composto da duecento membri, ogni goum era suddiviso in tabor, una formazione più piccola composta da cinquanta a settanta uomini comandati da ufficiali francesi.

Il IV Tabor era composto da tre unità goum (banda, squadrone): in tutto 832 soldati nell'ambito del Corpo di spedizione francese costituito da 110.000 unità tra marocchini, algerini, tunisini e senegalesi.

I marocchini erano stati scovati tra le tribù delle montagne dell'Atlante nel Paese maghrebino.

Si trattava di berberi, legati tra loro da una cultura tribale e da una pratica del saccheggio già messa al servizio dei francesi negli anni Trenta contro le ribellioni anticoloniali.

I goumiers consideravano la guerra una dimostrazione di coraggio, sgozzavano spesso i nemici catturati, si gettavano contro le linee tedesche all'arma bianca, senza paura di morire.
Preferivano un coltello largo, lungo e affilato, chiamato *koumia*.
Gli 832 magrebini del 4° tabor aggregato agli americani che sbarcano a Licata, compiono saccheggi e violentano donne e bambini presso il paese di Capizzi, vicino Troina.

Lì, tra i Nebrodi e l'Etna, alla violenza nazista (la prima strage di civili in Italia fu quella di Castigione di Sicilia con 16 morti) si aggiunse quella delle bande di goumiers.

Cosella questo racconto con particolare dovizia di particolari in" Le Ciociare dell'Etna" Marinella Fiume, storica, curatrice di una straordinaria indagine orale su quanto accadde tra la fine di luglio e l'inizio di agosto del 1943 a Capizzi, lungo la linea dell'Etna, qualche settimana dopo lo sbarco del 10 luglio di quello stesso anno.

"Venivano - racconta un contadino allora di 8 anni di età ai ricercatori impegnati nell'indagine su Capizzi - a gruppi sui muli ed erano neri, s'amnmuccavunu zoccu capitava, macari i fimmini, certu, masculi è runu! (arraffavano e mangiavano ciò che capitava, anche le femmine, certo, maschi erano!).

Ma erano selvaggi e i fimmini i marturiavunu (le donne le martirizzavano).

Una volta maritu e mugghieri ammazzaru un marrucchinu (marito e moglie ammazzarono un marocchino) insieme".

Ai militari alleati furono consegnati due manuali nei quali i siciliani erano dipinti come semibarbari e arretrati.

Mi riferisco al Soldier's Guide to Sicily, destinato ai soldati, e il Sicily Zone Handbook 1943, riservato agli ufficiali.

Lo storico Michelangelo Ingrassia ci racconta, nelle sue cronache, che i contadini siciliani reagirono e ne uccisero qualcuno usando i forconi.

I capitini allora - nonostante gli uomini più forti e giovani fossero impegnati al fronte – fecero nascondere le donne nei pagliai e nei casolari di campagna, si armarono e affrontarono corpo a corpo i brutali aggressori.

I capitini non rimasero inerti, e nella guerra che coinvolgeva l'Europa ne nacque un'altra, di dimensioni minori ma altrettanto cruciale per la sopravvivenza di chi la visse: "Gli inglesi - racconta un capitano nel volume curato da Marinella Fiume per Iacobelli editore- portarono in Sicilia i marocchini perché dicevano che in Sicilia semu sarbaggi (siamo selvaggi) perciò ci volevano selvaggi come noi.

I marocchini erano di bassa statura e color marrone in faccia, vestiti con una coperta lunga (barracano), avevano capelli lunghi e intrecciati e portavano turbanti, senza calze e con gli zoccoli ai piedi.

 Ma siccome gli inglesi non ci difendevano, i capizzuoti (capitini) ne ammazzarono tanti di marocchini, a colpi di bastone e con le roncole.

Tanto danno facemmo a loro, più di quanto loro non ne fecero a noi con le loro marocchinate.

Venivano nelle masserie a truppa e facevano i comodi loro.

Le donne di tre famiglie le violentarono, madri, zie, cognate, sorelle e figlie, tenendo gli uomini sotto la scupetta (il fucile) e questi perciò non potevano reagire.

Violentarono una ragazza di 16 anni che era andata sola a prendere l'acqua alla sorgente.

Ma i capizzuoti non se la tenevano (non subivano) e fecero un'imboscata nel bosco.

Una volta, al pascolo nel bosco trovai un elmetto, incuriosito mi avvicinai e dentro ci trovai la testa di un marocchino a cui l'avevano tagliata con l'ascia.

Quella fu la guerra della citta' di Capizzi contro i liberatori, i vinnigna' mmu (facemmo vendemmia di loro come si fa con l'uva) con una guerriglia".

Tra i goumiers i morti furono almeno 15.

Non fu solo Capizzi, in Sicilia, a subire questa violenza. I primi episodi si registrarono sulla statale Licata-Gela.

 Agli stupri, parteciparono non solo i soldati di origine africana delle truppe coloniali, ma anche francesi europei perché le violenze del Cef continuarono ad opera di francesi bianchi paracadutisti, anche dopo il rimpatrio avvenuto il 23 ottobre 1943 del IV Tabor, nella frazione del Comune di Trapani denominata

Xitta, dove dovettero intervenire le autorità militari americane per sedare la rivolta seguita alla reazione della popolazione civile.

Le "marocchinate" in Sicilia, sono rimaste fino a oggi un tabù: ma c'è anche chi ha trovato il coraggio di raccontare e denunciare dopo 70 anni quelle violenze il lato rimosso delle guerre.
E se le donne del Lazio hanno trovato ne **"La Ciociara"** di Alberto Moravia l'incarnazione letteraria dell'offesa subita, le donne siciliane non hanno mai raccontato né denunciato portandosi nella tomba il peso del macigno che ha gravato per tutta la vita sul loro cuore.

A raccontare tutto questo non sono le carte degli archivi, né gli scrittori o i registi, ma le nipoti e i nipoti di quelle donne, quelle che sono rimaste per vergogna in silenzio.

Con i loro racconti orali le donne di Capizzi hanno fatto riemergere quelle violenze obliate, queste verità non suffragate da alcun documento: tutti sapevano, ma in quel paese nessuno parlava.

Quella ricostruzione è il ricordo, che fu alle donne negato, di una violenza subita.

Oppresse da un sentimento di vergogna, molte ragazze fuggirono dall'Italia, trovando un canale speciale per lasciare il Paese,

Emerge, il ricordo come un oggetto prezioso ricoperto dalla sabbia nel fondale del mare, che si è depositata a poco a poco nel correre del tempo, dalla storia scritta dai protagonisti in prima persona, come quella di molti parroci della Chiesa cattolica, figure esemplari in questa tragedia, una realtà sconosciuta, intrisa di una profonda sofferenza e di una immensa speranza.

A Termini Imerese - c'era un convento, il convento di San Pietro, che, anche in tempo di pace, ospitava orfanelle, ragazzine in difficoltà: dava loro un'istruzione e l'arte del ricamo, insegnava a cucinare.

Questa struttura era finanziata per opere di bene da emigrati da Termini Imerese negli Stati Uniti.

Qui, a un certo punto, giunsero le ragazze che erano state violentate a Capua e ad Aversa.

Nella zona di Termini Imerese, a Buonfornello, era presente un aeroporto militare, in cui operava un corpo di infermiere volontarie; a Cefalù, vicino a Termini, c'era il più grande deposito americano di penicillina, usata per curare per le malattie veneree; e a Termini c'era un reparto di ginecologia molto avanzato".

"Le ragazze - giungevano in Sicilia via mare o con aerei militari e dopo essere state curate, venivano portate nel convento, dove venivano loro impartite lezioni di ricamo, cucina, un'istruzione: alcune di loro furono fatte sposare per procura a emigrati di Termini Imerese negli Stati Uniti

Anche gli americani sapevano, infatti, di questi orribili episodi: solo in un paio di casi tentarono debolmente di frenare i *goumiers*.

Scrive Eric Morris in *"La guerra inutile"* che, ancora vicino a Pico, gli uomini di un battaglione del 351° fanteria americana provarono a fermare gli stupri, ma il loro comandante di compagnia intervenne e dichiarò che "erano lì per combattere i tedeschi, non i *goumiers*".

Per la popolazione, un livello di violenza così diffuso non avrebbe potuto avvenire senza l'approvazione dei comandi anglo-americani, accusati di aver dato mano libera ai soldati coloniali, in cambio dell'alto prezzo pagato durante l'avanzata vittoriosa delle truppe. "Gli americani hanno dato ai marocchini carta bianca per sfondare la linea del fronte, e anche per risparmiare i propri soldati.

 Così hanno lasciato che questi soldati facessero quello che volevano... altrimenti, senza carta bianca, i marocchini non combatterebbero più e non avanzerebbero più", conferma Tommaso Pelle.

Massimo Lucioli, co-autore, insieme a Davide Sabatini, del primo completo studio sulle marocchinate "La ciociara e le altre" (1998), spiega: "Dato il coinvolgimento dei bianchi, non presenti nei reparti goumier, si può affermare che i violentatori si annidavano in tutte e quattro le divisioni del Cef.

 Forse anche per questo, gli ufficiali francesi non risposero ad alcuna sollecitazione da parte delle vittime e assistettero impassibili all'operato dei loro uomini.

Come riportano le testimonianze, quando i civili si presentavano a denunciare le violenze, gli ufficiali si stringevano nelle spalle e li liquidavano con un sorrisetto".

In America è lì che sono andate a ricostruirsi una vita, ed è improbabile che chi le sposava non sapesse di questa storia
 Alcune restarono a Termini Imerese: di loro non sappiamo nulla, ed è meglio lasciarle in pace".
Erano ragazze, ragazzine anche minorenni, quelle che arrivarono dal Centro Italia durante e dopo la Seconda guerra mondiale alle porte di Palermo, con i segni della guerra, di una violenza antica, che aveva fatto del loro corpo un 'bottino di guerra'.

I "marocchini" sarebbero stati probabilmente lasciati liberi di scatenarsi in tutta l'isola con furti e stupri se in Sicilia si fossero verificati episodi di resistenza agli invasori.

Gli anglo-americani, nonostante gli accordi fatti con la mafia, in "formidabile ripresa", non si sentivano del tutto sicuri di poter controllare l'isola.

 Erano tenuti di riserva nel Parco della Favorita di Palermo, pronti per la rappresaglia, se la popolazione avesse improvvisato una reazione contro gli occupanti.

Poi furono trasferiti.

E fecero danni.

Ma "le marocchinate" a mio avviso non possono essere isolate rispetto a tutti gli orrori e a tutti i crimini commessi sia sui militari che si erano arresi, e che vennero comunque trucidati.

Si voleva esasperare e terrorizzare la popolazione, indebolirne il morale, disgregare le basi di massa del Fascismo, provocare la caduta del Regime e facilitare gli attacchi in preparazione.

Questi crimini sono stati volutamente dimenticati dalla cultura dominante.

In un famoso rapporto vengono svelate le torture ai danni dei prigionieri, confermando ancor di più come i francesi si siano accaniti contro il popolo italiano tutto, militari e civili inermi, per vendicare l'attacco alla Francia del giugno del 1940.

Nel "dossier della vergogna", una sintesi di oltre 1800 pagine della relazione che la Presidenza del Consiglio dei Ministri italiano trasmise nel 1945 alla Commissione Alleata.

Oltre a numerosi fascicoli sulle atrocità commesse dalle truppe francesi contro la popolazione italiana, fascicoli che raccontano di stupri, violenze, omicidi che hanno interessato Campania, Lazio, Toscana, Sicilia, Sardegna, Molise e Puglia.

Nei "dossier della vergogna" vengono svelate le torture ai danni dei prigionieri.

Durante l'invasione della Sicilia gli Alleati, infatti, si resero responsabili di alcune stragi.

Di tre ne furono vittime i civili, di altre i militari italiani.

In guerra non ci sono né buoni né cattivi ma sono tutti cattivi, e la storia la scrivono i vincitori: è per questo che sorprende venire a conoscenza delle atrocità cui vennero sottoposti sia i civili, sia i militari italiani e tedeschi, che si erano comunque già arresi.

Nella notte tra il 9 e il 10 luglio iniziava lo sbarco nella cuspide meridionale dell'Isola. Vide impegnate la 7ª Armata del generale americano George Patton e l'8ª Armata del generale britannico Bernard Montgomery contro il 6° Corpo d'armata italiano, comandato dal generale Alfredo Guzzoni, coadiuvato da 3 Divisioni tedesche , la 15ª Panzergrenadier Sizilien, comandata dal generale Eberhard Rodt, la Panzer Hermann Goering, agli ordini del generale Paul Conrath e la 29ª Divisione Granatieri corazzati, la celebre Falco (dal 19 luglio), annientata a Stalingrado e da qualche mese ricostituita, comandata dal generale Walter Fries – e dal 3° e 4° Reggimento paracadutisti, agli ordini dei tenenti colonnelli Ludwing Heilmann ed Erich Walter e dal gruppo Neapel, formato da un Battaglione del gruppo Fullriede e dalla 215ª Compagnia corazzata, comandato dal colonnello Geisler.

Nonostante la dura resistenza, le numerose perdite, gli innumerevoli atti d'eroismo e l'ottima tattica di sganciamento e ripiegamento attuata dai reparti dell'Asse, specie dai tedeschi, gli Alleati, entrando il 17 agosto a Messina finirono la campagna.

Avevano speso più tempo del previsto e ben di più di quanto avevano impiegato i tedeschi a conquistare la Francia, la Polonia e la Iugoslavia.

Nessuno conosce il numero esatto di uomini dell'Asse uccisi dopo la resa.

 Almeno cinque gli episodi principali, con circa duecento morti.

Di due, quelli avvenuti nell' aeroporto di Biscari, nel Ragusano, si conosce ogni dettaglio.

Nel massimo segreto, nell' autunno ' 43 la corte marziale Usa celebrò due processi: il sergente Horace T. West ammazzò 37 italiani, il plotone d' esecuzione del capitano John C. Compton almeno 36.

Gli atti del tribunale recitano: «Tutti i prigionieri erano disarmati e collaborativi».

Altri due eccidi sono stati descritti da un testimone oculare, il giornalista britannico Alexander Clifford, in colloqui e lettere ora divulgate.

Avvennero nell' **aeroporto di Comiso**, quello diventato famoso mezzo secolo dopo per gli euromissili della Nato.

All' epoca era una base della Luftwaffe, contesa in una sanguinosa battaglia.

Clifford disse che sessanta italiani, catturati in prima linea,

vennero fatti scendere da un camion e massacrati con una mitragliatrice.

Dopo pochi minuti, la stessa scena sarebbe stata ripetuta con un gruppo di tedeschi: sarebbero stati crivellati in cinquanta.

Quando un colonnello, chiamato di corsa dal reporter, fermò il massacro, solo tre respiravano ancora.

Clifford denunciò tutto a Patton, che gli promise di punire i colpevoli.

Ma non ci fu mai un processo e il cronista si è rifiutato fino alla morte di deporre contro il generale.

Infine, l'ultima **strage nella Saponeria Narbone-Garilli a Canicattì** contro la popolazione che la stava saccheggiando.

Secondo i resoconti stilati in quei giorni confusi del ' 43, la polizia militare Usa dopo avere intimato l'alt ed esploso dei colpi in aria, sparò una raffica sulla folla uccidendo sei persone.

Ma i verbali scoperti nel 2002 dal professor Joseph Salemi della New York University, il cui padre fu testimone oculare dell'eccidio, riportano il racconto di alcuni dei soldati americani presenti: «Appena arrivati, il colonnello urlò di sparare sulla folla che era entrata nello stabilimento.

Noi rimanemmo fermi, era un ordine agghiacciante.

Allora lui impugnò la pistola ed esplose 21 colpi, cambiando caricatore tre volte.

Morirono molti civili: vidi un bambino con lo stomaco sfondato dalle pallottole».

Ma gli atti dei processi per «i fatti di Biscari» accreditano la possibilità che le vittime siano state molte di più.

Tutti i crimini sono stati opera della 45ma divisione di Patton, i «Thunderbirds»: reparti provenienti dalla Guardia nazionale di Oklahoma, New Mexico e Arizona.

Vengono descritti come cow boy, con elementi d' origine pellerossa.

Ma presero parte con coraggio ad alcune delle battaglie più dure del conflitto.

Quello sulle coste siciliane fu il loro battesimo del fuoco: avevano l'ordine di conquistare entro 24 ore i tre aeroporti più vicini alla costa, strategici per trasferire dal Nord Africa gli stormi alleati.

Invece la disperata resistenza di due divisioni italiane e di poche unità tedesche li fermò per quattro giorni.

Molti G.I. persero il controllo dei nervi.

Ed erano tutti convinti che il generale Patton avesse ordinato di non fare prigionieri.
Decine di soldati, graduati ed ufficiali testimoniarono al processo: «Ci era stato detto che Patton non voleva prenderli vivi.

Sulle navi che ci trasportavano in Sicilia, dagli altoparlanti ci è stato letto il discorso del generale.

"Se si arrendono quando tu sei a due-trecento metri da loro, non badare alle mani alzate.

Mira tra la terza e la quarta costola, poi spara.

Si fottano, nessun prigioniero!

È finito il momento di giocare, è ora di uccidere!

Io voglio una divisione di killer, perché i killer sono immortali!».

Il primo a scoprire e denunciare gli eccidi fu il cappellano della divisione, il colonnello William King.

Alcuni soldati americani, sconvolti, lo chiamarono e gli indicarono la catasta dei corpi crivellati dal sergente West: «E' una follia – gli dissero -, stanno ammazzando tutti i prigionieri.

Siamo venuti in guerra per combattere queste brutalità non per fare queste porcherie.

Ci vergogniamo di quello che sta accadendo».

King corre a cercare il comando del reggimento.

Ma lungo la strada per l'aeroporto vede un recinto di pietra, probabilmente un ovile, pieno di italiani catturati.

Recita il verbale del cappellano: «Quando mi sono avvicinato, il caporale di guardia mi ha salutato: "Padre, sei venuto per seppellirli?".

"Cosa stai dicendo?", replicai io.

Il caporale rispose: "Loro sono lì, io sono qui con il mio mitra Thompson, tu sei lì.

E ci hanno detto di non fare prigionieri"».

A quel punto King sale su un masso, chiama tutti gli americani presenti e improvvisa una predica per convincerli a risparmiare quegli uomini: «Non potete ucciderli, i prigionieri sono una fonte preziosa di notizie sul nemico.

E poi i loro camerati potrebbero vendicarsi sui nostri che hanno preso.

Non fatelo!».

Altrettanto drammatica la testimonianza del capitano Robert Dean: «Venni fermato da due barellieri disarmati.

Mi dissero: "Abbiamo due italiani feriti, mandate qualcuno ad ammazzarli".

Io gli urlai di curare quei soldati, altrimenti gliela avrei fatta pagare"».

Proprio la volontà del cappellano King a far nascere i due processi sui massacri di Biscari.

King raccontò tutto all' ispettore dell'armata – figura simile ai nostri pubblici ministeri -, che fece rapporto a Omar Bradley.

La corte marziale contro il sergente West si aprì a settembre.

L' accusa: «Omicidio volontario premeditato, per avere ucciso con il suo mitra 37 prigionieri, deliberatamente e in piena coscienza, con un comportamento disdicevole».

I fanti italiani – poco meno di 50 – erano stati catturati dopo un lungo combattimento in una caverna intorno all' aeroporto di Biscari.

Il comandante li consegnò al sergente con un ordine ritenuto «vago» dai giudici: allontanarli dalla pista dove si sparava ancora.

Nove testimoni hanno ricostruito l'eccidio.

West mette gli italiani in colonna, dopo alcuni chilometri di marcia ne separa cinque o sei dal resto del gruppo.

Poi si fa dare un mitra e conduce gli altri fuori dalla strada.

Lì li ammazza, inseguendo quelli che tentano di scappare mentre cambia caricatore: uno dei corpi è stato trovato a 50 metri.

Davanti alla corte, il sergente si difese invocando lo stress: «Sono stato quattro giorni in prima linea, senza mai dormire».

Dichiarò di avere assistito all'uccisione di due americani catturati dai tedeschi, cosa che lo «aveva reso furioso in modo incontrollato».

Il suo avvocato parlò di «infermità mentale temporanea».

Infine, West disse ai giudici: «Avevamo l'ordine di prendere prigionieri solo in casi estremi».

Ma la sua difesa non convinse la corte, che lo condannò all'ergastolo.

 La pena però non venne mai eseguita.

Washington, infatti, era terrorizzata dalle possibili ripercussioni di quei massacri.

Temeva il danno d' immagine sugli italiani – con cui era stato appena concluso l'armistizio – e il rischio di ritorsioni sugli alleati reclusi in Germania.

Si decise di non mandare West in una prigione negli Usa ma di tenerlo agli arresti in una base del Nord Africa.

Poi la sorella cominciò a scrivere al ministero e a sollecitare l'intervento del parlamentare della sua contea.

 Il vertice dell'esercito teme che la vicenda possa finire sui giornali.

Il 1° febbraio 1944 il capo delle pubbliche relazioni del ministero della Guerra sollecita al comando alleato di Caserta un «atto di clemenza» per West: «Non possiamo – è il testo della lettera pubblicata da Stanley Hirshson nel 2002 – permettere che questa storia venga pubblicizzata: fornirebbe aiuto e sostegno al nemico.

Non verrebbe capita dai cittadini che sono così lontani dalla violenza degli scontri».

Così dopo solo sei mesi, West viene rilasciato e mandato al fronte.

 Secondo alcune fonti, morì a fine agosto in Bretagna.

Secondo altre, ha concluso la guerra indenne.

invece il 23 ottobre ' 43 il capitano John C. Compton non cercò scuse: davanti alla corte marziale disse solo di avere obbedito agli ordini.

Nel processo fu ricostruita la battaglia per la base di Biscari, combattuta per tutta la notte.

C'era una postazione nascosta su una collina che continuava a bersagliare la pista.

 È una mischia feroce, con tiri di mitragliatrici e mortai, senza una linea del fronte.

L' unità di Compton aveva avuto dodici caduti in poche ore.

A un certo punto, un soldato statunitense vede un italiano in divisa e un altro in abiti «borghesi» che escono da una ridotta: sventolano una bandiera bianca.

L' americano si avvicina e dalla trincea alzano le mani circa quaranta uomini.

Cinque hanno giacche e maglie civili sopra i pantaloni e gli stivali militari. Il soldato li consegna al sergente ma arriva il capitano.

Compton non perde tempo: dice di ucciderli.

Molti dei suoi si offrono volontari: sparano in 24, esplodendo centinaia di pallottole sul mucchio degli italiani.

Il numero esatto delle vittime resta incerto ma l'inchiesta si conclude con l'incriminazione del solo ufficiale per 36 omicidi, scagionando i suoi subordinati.

E Compton in aula dichiara che l'ordine era quello, che doveva uccidere i nemici che continuavano a resistere a distanza ravvicinata.

Inoltre, precisa che quegli italiani erano «sniper», termine traducibile come «cecchini» o «franchi tiratori», e quindi andavano fucilati: una linea difensiva che sarebbe stata suggerita dallo stesso Patton.

«Li ho fatti uccidere perché questo era l'ordine di Patton – concluse il capitano -. Giusto o sbagliato, l'ordine di un generale a tre stelle, con un'esperienza di combattimento, mi basta.

E io l'ho eseguito alla lettera».
Tutti i testimoni – tra cui diversi colonnelli – confermarono le frasi di Patton, quel terribile «se si arrendono solo quando gli sei addosso, ammazzali».
Alcuni riferirono anche che Patton aveva detto: «Più ne prendiamo, più cibo ci serve. Meglio farne a meno».

Compton fu assolto.

Il responsabile dell'inchiesta William R. Cook fu tentato di presentare appello: «Quell'assoluzione era così lontana dal senso americano della giustizia – scrisse – che un ordine del genere doveva apparire illegale in modo lampante».

Ma nel frattempo Cook era caduto al fronte.

Ironia della sorte, si crede che sia stato colpito da un cecchino mentre cercava di avvicinarsi a dei tedeschi con la bandiera bianca.

La sua assoluzione è però diventato un caso giuridico, che ha cominciato a circolare tra il personale della giustizia militare statunitense dopo la fine della guerra.

Un precedente «riservato» anche per evitare che influisca sui processi ai criminali di guerra nazisti.

Poi nel '73 una traccia nei diari di Patton pubblicati da Martin Blumenson e nell 83 la prima descrizione completa nell' autobiografia del generale Omar Bradley.

Oggi alcuni storici americani – assolutamente non sospettabili di revisionismo – ritengono che sulla base della sentenza Compton andassero assolte le SS fucilate per gli omicidi di prigionieri americani.

E mentre negli Stati Uniti da 25 anni si pubblicano studi sul «massacro di Biscari» e le sue ripercussioni – il primo nel 1988 fu di James J. Weingartner, l'ultimo nel 2002 è stato di Hirshson – nel nostro Paese la vicenda è stata sostanzialmente ignorata.

Vent' anni fa nel volume dello statunitense Carlo d' Este sullo sbarco in Sicilia, tradotto da Mondadori, la questione era relegata in un capoverso.

Poi, ultimamente due introvabili scritti di storici siciliani e una pagina nel documentato volume di Alfio Caruso.

Mai però un'iniziativa per ricordare quei soldati, rimasti senza nome.

Mentre persino Biscari non esiste più: oggi il paese si chiama Acate.

Altri massacri avvennero nella zona di Biscari, l'odierna Acate.

All'attacco dell'aeroporto di Biscari andò la 45ª Divisione, detta Thunderbird, dal totem sulle mostrine.

Era formata da indiani cherokee, seminole e apache, prelevati dalla Guardia nazionale, provenienti dall'Arizona, dall'Oklahoma e dal New Mexico e cow boy.

C'erano anche numerosi italoamericani.

Anche se privi d'esperienza, gli uomini della 45ª erano tra i più addestrati, sia sul piano tecnico sia su quello psicologico, dell'intero esercito statunitense ed erano affidati a un ottimo comandante, Troy Middleton.

Inoltre, il generale George Patton, comandante della VII armata americana li aveva arringati in modo fin troppo esplicito: "Uccideteli, uccideteli, uccideteli"

Mentre proseguivano le operazioni belliche, fra l'8 settembre 1943 e la fine dell'anno, soldati alleati si resero colpevoli di 32 omicidi di civili, 50 ferimenti, 102 aggressioni, risse e violenze, 210 furti e rapine, 88 incidenti automobilistici con morti e 128 con feriti ma anche di 8 violenze carnali consumate e 4 tentate.

Numerosi furono gli stupri avvenuti in Campania.

Naturalmente i 100 bombardamenti, le 25 mila vittime, le immense distruzioni, la delusione seguita alla perdita dell'Impero e della Quarta Sponda, dalla fine della Campagna di Sicilia e l'abile propaganda nemica, minarono le basi del Regime e la voglia di resistenza e di vittoria della stragrande maggioranza dei napoletani.

La città sopportò, in ogni modo, eroicamente e con dignità le più gravi offese per amore della Patria in guerra.

Solo quando fu imminente l'arrivo degli invasori, si creò una situazione di caos provocata da pochi antifascisti che volevano avvantaggiarsi dal disordine, derivato dal vuoto di potere tra i tedeschi in partenza, il governo della R.S.I. in embrione e gli anglo-americani in arrivo.

Naturalmente, come sempre avviene in ogni cambio di regime, ai disordini parteciparono, oltre agli idealisti, i teppisti, la delinquenza spicciola, ma, nel nostro caso, almeno una squadra di mafiosi, tra cui il famoso Tommaso Buscetta.

Cito da *La Pelle*: *"L'onore di essere liberato per primo era toccato in sorte, fra tutti i popoli d'Europa, al popolo napoletano, e per festeggiare un così meritato premio i miei poveri napoletani, dopo tre anni di fame, di epidemie, di feroci bombardamenti, avevano accettato di buona grazia, per carità di patria, l'agognata e invidiata gloria di recitare la parte di un popolo vinto (...)"*

La storia di Napoli dalle cosiddette "quattro giornate" alla fine della guerra fu per colpa di una minoranza un calvario umiliante.

La città, utilizzata come retrovia dello sforzo bellico anglo-americano, divenne nota nel mondo come la "Shanghai del Mediterraneo".

Vendevano tutto, tutto si avviava al mercato nero, tutto si poteva comprare, ma a caro prezzo.

Le persone erano flagellate dall'inflazione galoppante provocata dalle Am-lire, stampate senza alcun limite dagli "Alleati".

Per il regista John Huston: "Napoli era come una puttana malmenata da un bruto: denti spez-zati, occhi neri, naso rotto, puzza di sporcizia e di vomito...

Gli uo-mini e le donne di Napoli erano un popolo diseredato, affamato, disperato, disposto a fare assolutamente tutto per sopravvivere.

L'anima della gente era stata stuprata.

Era veramente una città senza Dio".

Lo scrittore Norman Lewis, allora ufficiale inglese al fronte, così scrisse nel suo *Napoli '44*: «*Tutte le donne di Patrica, Pofi, Isoletta, Supino, e Morolo sono state violentate...*

A Lenola il 21 maggio hanno stuprato cinquanta donne, e siccome non ce n'erano abbastanza per tutti hanno violentato anche i bambini e i vecchi.

I marocchini di solito aggrediscono le donne in due; uno ha un rapporto normale, mentre l'altro la sodomizza».

Molte persone persero parenti, che furono sparati dai soldati, furono percossi e violentati anche i bambini.

Ecco come racconta il mitragliere americano Len Dziabas: "D'un tratto sentimmo spari e urla provenienti dal villaggio e non riuscivamo ad immaginare cosa stesse accadendo.

Qualcuno disse "penso stiano stuprando le donne ".

Uno dei sergenti domandò se si dovesse fare qualcosa a riguardo. Il sottotenente rispose "siamo sotto il loro comando dobbiamo attendere ordini"

Fu una violenza senza fine documentata anche da relazioni dei carabinieri.
28 maggio 1944: un capitano scrive, di una ragazza di 12 anni stuprata da 12 marocchini.

Il 90% delle persone è stato privato di ogni suo avere e molto alto è il numero delle donne violentate.

Anche gli uomini e i bambini furono violentati.

Una città dove: "Le sigarette erano la merce di scambio comu-nemente impiegata e per un pacchetto si poteva fare qualsiasi cosa.

I bambini offrivano sorelle e madri in vendita…

Nell'agosto del 1944 un militare alleato poteva portare a letto una ragazzina di 12 anni regalandole una coperta: equivaleva alla paga settimanale di un operaio.

Interi quartieri di Napoli erano pericolosi, specie la sera, per donne e minori.

Moltissimi militari alleati, brilli e no, lasciarono un vergognoso segno del loro passaggio.

Per molti la metropoli campana era una "grande zattera abbandonata alla deriva".

A Napoli, infatti, si diceva: "Attenzione ai liberatori".

Scriverà Leo Longanesi in Parliamo dell'Elefante: "Spostati, bari, camerieri di transatlantici, parassiti, conducenti di camion, ruffiani e lestofanti, riescono, in questo quotidiano disordine che a poco a poco diventa stabile e prende forma, a costruirsi una posizione. Basta loro incontrare qualche conoscente italo-americano per aprirsi una strada…

S'intruppano così nei comandi, dove ottengono una carica e indossano perfino la divisa cachi… Si gettano le basi dei futuri grandi af-fari, delle future concessioni, dei permessi dell'AMGOT. Su questo primo nucleo si va costruendo la nuova classe dirigente italiana".

Altri numerosi stupri accaddero all'Isola dell'Elba, dopo l'arrivo delle truppe francesi.

I soldati furono poi per fortuna impiegati nelle operazioni di sbarco nella Francia meridionale.

Il 26 dicembre 1943 a Maddaloni tre marocchini stuprarono una giovane minorenne ed il giorno seguente ad Atella di Napoli una casalinga diciannovenne venne "con violenza deflorata et posseduta per circa un'ora scopo libidine" da tre militari arabi del contingente francese che dopo aver soddisfatto le loro voglie la lasciarono abbandonata per terra.

Oltre al tema dei bombardamenti, della morte, dell'occupazione, delle fucilazioni tedesche e delle sistematiche umiliazioni subite dalla popolazione, anche l'altro grande fenomeno che colpì tutti i cittadini: la fame e provare a metterne in evidenza gli aspetti fondamentali che la determinarono, le forme in cui si manifestò.

Il 23 febbraio 1944 a Sessa Aurunca sei militari marocchini penetrarono in una casa colonica dove violentarono una donna di trentun anni di fronte al marito tenuto prigioniero.

Dal mese di gennaio del 1944 ad aprile i soldati alleati si resero colpevoli di 75 omicidi di civili, 158 ferimenti, 279 aggressioni, risse e violenze, 320 furti e rapine, 300 incidenti automobilistici con morti e 513 con feriti, 19 violenze carnali consumate e 43 tentate.

In Campania la maggior parte degli stupratori apparteneva alle truppe coloniali del Corpo di spedizione francese, seguivano gli afroamericani, gli americani, i canadesi, gli indiani e gli inglesi.

Gli stupri collettivi furono consumati da uomini appartenenti a tutti gli eserciti alleati.

Napoli fu una delle città italiane che più subì offese nella II guerra mondiale.

È stata, inoltre, la città più condizionata dall'esperienza dell'occu-pazione.

Sotto certi aspetti lo è ancora.

Dipese da diversi fattori:

1) il lungo periodo in cui la città fu sottoposta al governo militare d'occupazione (dall'ottobre 1943 al gennaio 1946);

2) la forte presenza delle truppe straniere;

3) le conseguenze sulla sua econo-mia dell'enorme quantità di beni in transito;
4) la notevole domanda di manodopera da parte del governo d'occupazione;

5) le consistenti commesse anglo-americane all'industria locale;

6) il rilevante contributo dato dai gangster americani alla rinascita della camorra.

Napoli durante la guerra era il capolinea delle rotte marittime verso la Libia, il punto di partenza della "Battaglia dei convogli".

La presenza, inoltre, di numerosi obiettivi d'interesse militare – ad esempio le officine aeronautiche dell'Alfa Romeo di Pomigliano, il silurificio di Baia, gli Scali Napoletani, l'ILVA di Bagnoli ecc., mise la città ai primi posti nelle priorità dei pianificatori delle incursioni aree anglo-americane.

Officine, porto, fabbriche, tutte le cose che potevano contribuire allo sforzo bellico, furono colpite più volte e pesantemente dagli aerei nemici.

La città partenopea rispose alle incursioni nemiche in maniera dignitosa e disciplinata e il consenso alla guerra fino allo sbarco in Sicilia, non mancò.

I soldati coloniali ne approfittavano sia in stupri isolati, compiuti di notte nelle campagne senza l'approvazione delle gerarchie militari, sia in violenze sessuali, legate a operazioni militari, implicitamente ammesse dal comando.

Curzio Malaparte nel suo libro «La pelle», sulla tragedia di Napoli in guerra, li aveva studiati nei loro sguardi di cupidigia e di desiderio per le donne bianche.

«I servi marocchini che si affaccendavano intorno alla tavola non distoglievano da Jeanlouis gli occhi incantati, e io vedevo in quegli occhi luccicare una torbida voglia.

Per quegli uomini venuti dal Sahara o dalle montagne dell'Atlante, Jeanlouis non era che un oggetto di piacere…».

Oltre ai furti e alle razzie, anche le diffuse violenze sessuali dimostrano quanto i militari stranieri fossero non solo "liberatori" ma conquistatori pronti a profanare il corpo delle donne italiane vinte, una maniera come un'altra per dimostrare l'impotenza virile dei loro uomini, deboli, impotenti, incapaci di difenderle.

La guerra, oltre alla conquista di un Paese vinto, significa anche la violenza sulle donne sconfitte e la riduzione allo stato di res nullius dei beni di proprietà degli sconfitti.

I Reali Carabinieri contarono – quando ne furono informati, e molto spesso non lo furono – migliaia d'atti delinquenziali: 1547 omicidi volontari in 15 mesi, 140 preterintenzionali, 1.522 colposi, 14.800 lesioni personali, 5.603 rapine, 597 estorsioni, 134.937 furti aggravati. Reati commessi da italiani e da soldati alleati, da singoli e da bande, nelle città e nelle campagne.

 Al 1° aprile del 1944 le Allied Military Courts avevano già celebrato a Napoli 4.908 processi: di essi, 3.111 riguardavano furti di beni militari, soltanto 189 il mercato nero.

Nella zona della Region 3, che comprendeva Napoli e la Campania, c'erano solo 6.240 carabinieri, 3.913 agenti di pubblica sicurezza, 2.650 guardie di finanza, impotenti ad arginare il dilagare della criminalità.

 Al 20 novembre 1944 a Napoli, agli ordini nel neoquestore, dottor Michele Broccoli, c'erano 835 sottufficiali e 2.931 guardie, per un totale di 3.766 uomini.

 I carabinieri, agli ordini del tenente colonnello Attilio Baldinetti erano un'ottantina.

 Per ristabilire l'ordine a Napoli ci sarebbero voluti "trecentomila poliziotti", ricordava anni dopo il dottor Broccoli, forse inutili, viste le complicità godute, dai fuorilegge, tra gli alleati e l'illegalità di massa.

Secondo i carabinieri, nel solo mese di maggio 1944 si contarono almeno 39 violenze carnali ad opera di militari alleati, salite a 626 a giugno; se ne tentarono 25 a maggio e 48 a giugno ma solo poche vittime presentavano denuncia e dunque le cifre via via registrate sottostimavano grandemente un dramma sociale, sanitario ed umano che neanche oggi è possibile quantificare.

Nel Lazio i delitti di massa compiuti dal contingente di 'liberazione' francese furono d'ogni tipo, restarono sostanzialmente impuniti se non addirittura incoraggiati dai vertici militari 'degollisti' ed avvennero in diverse zone del nostro Paese.

Furono compiuti di fronte all'impotente sconcerto dei nostri carabinieri, posti in quanto 'vinti' nelle condizioni di non poterli ostacolare, anche se grazie ai loro dettagliati rapporti è almeno possibile conoscere le dimensioni del fenomeno criminale che è passato alla storia col termine di 'marocchinate' con cui furono tristemente definite le povere vittime.

Una prima inchiesta venne avviata dai carabinieri poche settimane dopo i delitti avvenuti fra il 2 ed il 5 maggio 1944 in Lazio dove i reparti marocchini "infierirono contro quelle popolazioni, terrorizzandole.

Innumerevole danno a ragazze minorenni dei comuni di Giuliano di Roma, Patrica, Ceccano, Supino, Morolo e Sgurgola vennero violentate da più marocchini, che costrinsero spesse volte i genitori delle fanciulle ed i mariti delle spose ad assistere a tanto scempio.

Nei comuni di Giuliano-de-Roma, Patrica, Ceccano, Supino, Morolo e Sgurgola, situati a poche decine di chilometri dalla capitale, si sono registrati almeno 418 casi di violenza sessuale (di cui 3 contro uomini), 29 omicidi e 517 rapine commesse da uomini del corpo di spedizione francese in soli tre giorni

 Sempre ad opera di soldati marocchini, vennero rapinati innumerevoli cittadini dei loro averi, di orologi e gioielli, e derubati di gran parte del loro bestiame – agnelli, pecore, capre e polli – e saccheggiate le loro abitazioni, alcune delle quali anche incendiate".

Erano stati accertati 13 omicidi, 250 rapine, 303 furti e 396 violenze carnali di cui 3 "commesse in persona di uomini, mentre le altre nei confronti di donne di età oscillante tra i 12 e i 65 anni".

A Lenola, piccolo centro in provincia di Latina, poco più a nord di Esperia, sui Monti Aurunci, sono stati registrati 302 casi di violenza sessuale (di cui 18 contro uomini), che hanno colpito donne di età compresa tra gli 11 e gli 80 anni.

 A partire dal 20 maggio, si sono concentrati tra il 23 e il 25 maggio. Fu solo alla fine del mese, intorno al 29 maggio, che si attenuarono, in concomitanza con il ritiro delle truppe marocchine.

Dopo la "liberazione" di Roma, le truppe coloniali francesi, marocchini, algerini e senegalesi, si sarebbero macchiate di atrocità e violenze sessuali anche in Toscana, nel Senese e all'isola d'Elba. «Erano come straccioni, come banditi, non sembravano soldati, 'sti barboni, olivastri, brutti proprio», dice un'altra testimone ciociara.

La linea Gustav

Inverno 1944, l'Italia è divisa in due.

La linea Gustav, una linea difensiva che corre dal Garigliano ad Ortona, a sud di Pescara, divide il territorio nazionale in due parti: il Sud, ormai sotto il controllo delle forze alleate, e il Nord, ancora in mano all'esercito tedesco e alla Repubblica Sociale.

Per superare le difese tedesche e prendere rapidamente Roma, da gennaio 1944 gli angloamericani concentrano gli attacchi sulla zona strategica di Cassino.

Una volta presa la città, l'accesso alla Valle del Liri e ad un'importante infrastruttura, la strada statale Casilina, avrebbe permesso alle forze angloamericane di ricongiungersi in breve tempo con le truppe sbarcate nel frattempo ad Anzio.

Gli assalti iniziano il 17 gennaio 1944.

Dopo il fallimento della prima battaglia, gli Alleati decidono di bombardare l'Abbazia di Montecassino, credendola occupata da reparti tedeschi.

Vi furono impegnati, contro i tedeschi, militari di ben quindici nazioni diverse, ricordati nei cimiteri attorno a Cassino.

Fondata nel 529 d. C. da San Benedetto da Norcia, l'Abbazia di Montecassino aveva conosciuto numerose devastazioni e saccheggi nel corso dei suoi quasi 1500 anni di storia.

 Il monastero era stato distrutto per la prima volta dai Longobardi intorno al 580 d. C., quindi dai Saraceni nell'883 e nel 1349 da un terremoto, e ogni volta era stato ricostruito.

Nella mattinata del 15 febbraio 1944 su Montecassino si abbatterono 353 tonnellate di bombe.

Nonostante ciò, le robuste mura perimetrali ressero, consentendo poi all'esercito tedesco di occupare il monastero in rovina e di prolungare per altri quattro mesi la resistenza, fino al 18 maggio 1944, quando i soldati britannici e polacchi furono in grado di occupare le macerie dell'Abbazia.

I caduti del II Corpo d'Armata Polacco, il cui contributo fu determinante per piegare la resistenza tedesca, riposano presso il cimitero militare polacco di Montecassino, dove una stele ricorda il loro sacrificio: "per la nostra e la vostra libertà noi soldati polacchi demmo l'anima a Dio, i corpi alla terra d'Italia, alla Polonia i cuori".

 Dopo la presa di Cassino, la liberazione di Roma seguì a pochi giorni di distanza, il 4 giugno.

Secondo delle stime, nei quattro mesi di assedio persero la vita almeno 30.000 soldati e 2000 civili, ma quest'ultima è una cifra ipotetica, perché i bombardamenti distrussero tutti i registri di Stato civile rendendo così molto difficile quantificare le vittime.

L'Abbazia, la Rocca e la città di Cassino furono rase al suolo

L'archivio ed i più preziosi documenti custoditi nell'Abbazia erano stati messi in salvo a Roma prima che avessero inizio le operazioni belliche.

Come noto, gli Alleati, risalendo l'Italia senza troppe difficoltà, si impantanarono a Cassino, sulla Linea Gustav, dove i tedeschi opponevano una tenacissima resistenza.

Fu il generale Juin, sin dall'inizio, a proporre ai colleghi statunitensi Clark e Alexander l'aggiramento del caposaldo nemico.

Dopo tre battaglie sanguinosissime e prive di risultato gli Alleati avallarono la proposta di Juin, il quale aveva scoperto che il monte Petrella, a est di Cassino, era stato lasciato parzialmente sguarnito dai tedeschi.

 In quelle zone, solo le sue truppe marocchine di montagna avrebbero potuto farcela.

Fu il generale Juin, a proporre l'aggiramento del caposaldo nemico dal monte Petrella, a est di Cassino, che era stato lasciato parzialmente sguarnito dai tedeschi.

Date queste caratteristiche, il loro coinvolgimento nei combattimenti sembrava ormai cruciale per la strategia alleata: dopo mesi di estenuanti e inutili scontri intorno a Montecassino, doveva essere lanciata un'offensiva nella zona sud-orientale, al confine tra Lazio e Campania.

I marocchini aggirano Cassino risalendo i monti, esattamente il monte Petrella e il monte Faito.

La seguente affermazione è, secondo queste opere, la traduzione, dall'arabo, del messaggio trasmesso alle truppe coloniali:

"Al di là dei monti, al di là dei nemici che ucciderai stanotte, c'è una terra abbondante e ricca di donne, di vino, di case.
Se riuscirete a varcare questa linea senza lasciare in vita un solo nemico, il vostro generale ve lo promette, ve lo giura, ve lo proclama: queste donne, queste case, questo vino, tutto ciò che troverete sarà vostro, a vostro piacere e a vostra volontà.

Per cinquanta ore.
E puoi avere tutto, fare tutto, prendere tutto, distruggere tutto o prendere tutto, se hai conquistato, se te lo sei guadagnato.
Il tuo generale manterrà la sua promessa, se obbedirai per l'ultima volta
Così i *goumiers* marocchini si inerpicarono per le ripide pendici del monte Petrella, ed ebbero facilmente la meglio sulle difese germaniche.

Sono i soldati appartenenti al CEF, prevalentemente nord africani, che riescono a penetrare aldilà del Garigliano, nel segmento ad ovest della Gustav, quello tirrenico.

Anche le truppe statunitensi penetrano alla sinistra di quelle del CEF e avanzano lungo il litorale mentre tutte le truppe francesi con altri militari americani si dirigono in direzione nord-est.

I militari francesi non sempre affrontano frontalmente l'avversario, preferiscono scalare e occupare le difficoltose e scoscese montagne, non sufficientemente difese dall'esercito tedesco.

la 1a Divisione, motorizzata, denominata Francia Libera, ultima del Corpo ad arrivare in Italia (aprile del '44), è comandata dal generale Diego Brosset. E' composta da appartenenti alla legione straniera e da soldati provenienti dal Senegal, Camerum e da altri possedimenti francesi.

Questa divisione il 13 maggio occupa i comuni di S.Andrea, S. Ambrogio e S. Apollinare; la 2a Divisione fanteria marocchina(DIM) è comandata dal generale

Andrè Dody, occupa Monte Faito, Monte Maio dalle cui alture si possono osservare i movimenti delle truppe tedesche e successivamente entra in Ausonia; la 3a Divisione, composta da militari algerini e tunisini(DIA), comandata dal generale Joseph de Montsabert, occupa Castelforte; la 4a Divisione comandata da Francois Sevez, formata da 3 gruppi di Tabor, agli ordini del generale Agustin Guillame si unifica con la divisione di montagna (DMM) composta da marocchini provenienti dalle montagne dell'Atlante, in Marocco.

Nelle stesse giornate sul resto della Linea Gustav gli alleati non avanzano, sono fermi ed accusano perdite e continui contraccolpi.

Complessivamente le quattro divisioni del CEF sono composte da circa 100.000 militari.

Esse procederanno a tappe forza- 281 te alternandosi nei combattimenti, conquisteranno e supereranno in tempi rapidi montagne, fossati, terreni inaccessibili, arrivando ad occupare Monte Petrella a 1.573 metri.

L' avanzata militare del CEF si trasformò in una grande tragedia umana per le popolazioni che subirono violenze e soprusi.

Il 18 maggio a Coreno Ausonio, paese già da qualche giorno occupato, oltre ai saccheggi e alla violenza sulle donne vengono trucidati Maria Rosa Di Siena e Raimondo Costanzo.

 Quest'ultimo, richiamato dalle grida della donna presa da un gruppo di marocchini, accorre e ingaggia una impari lotta contro tre di costoro che alla fine hanno la meglio.

Mentre due tra gli ultimi soldati tedeschi rimasti a Esperia si suicidavano gettandosi abbracciati nel burrone sotto il castello, per non finire decapitati come altri loro commilitoni, il 16-17 maggio i marocchini riuscivano a sfondare la Linea Gustav e si riversavano proprio sull'altipiano di Polleca, "festeggiando" il loro successo ai danni di circa 4-6000 rifugiati italiani che, provenienti non solo da Esperia, ma anche dai comuni limitrofi, aspettavano sul pianoro il passaggio della guerra.

Molti contadini che abitavano nei paesini ciociari, non sfollarono, e rimasero sul posto, e vennero travolti dalla furia omicida dei goumiers.

Lo storico Costantino Felice offre una sua convincente motivazione: "per il contadino staccarsi dalla terra, dagli animali, dalla casa significava perdere contatti con i mezzi di sussistenza.

Egli viveva di ciò che ricavava dai campi e dal bestiame......il distacco dall'abitazione comportava la disintegrazione di un universo in cui certamente erano importanti i referenti simbolici e culturali, ma ancora di più contavano quelli materiali: si laceravano non solo i rapporti affettivi e interpersonali, ma anche quelli concreti e vitali, con le proprie risorse.

 La casa per il contadino era la vita.

 Il rifiuto di sfollare costituiva pertanto una estrema difesa dai rischi della penuria e della morte.

 Egli si decideva a partire solo se costretto con la forza; raramente si convinceva, invece che i pericoli potevano essere maggiori restando, ed in ogni caso quando si verificava, l'allontanamento era sempre vissuto come trauma, talvolta come vera e propria catastrofe

Infatti, con l'operazione "Diadem" (l'ultimo assalto collettivo degli Alleati) i goumiers riuscirono così a sfondare la Linea Gustav e, attraversando l'altipiano di Polleca, si lanciarono verso Pontecorvo.

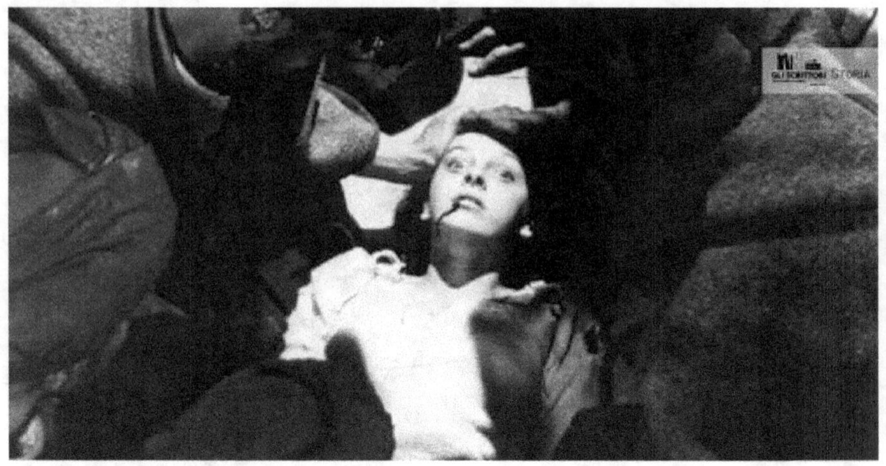

Così per due giorni e due notti razziarono, violentarono, uccisero.

Stuprarono donne e bambine, dagli otto agli ottant'anni, obbligando padri e mariti ad assistervi.

 Chi tentò di reagire venne ucciso.

Non si salvarono gli uomini, i ragazzi, i preti.

Le violenze sessuali sulle donne bianche europee, oltre che come istinto bestiale di contadini analfabeti arruolati per la paga erano una specie di "promozione" che li elevava al rango di "dominatori", di padroni assoluti della vita degli sconfitti, privati della loro dignità più intima, una testimonianza elementare di "possesso" che li ripagava dalla condizione di paria colonizzati dai bianchi.

Quando mai avrebbero avuto un'altra occasione simile?

Molti bambini furono evacuati dalla Guardia Nazionale Repubblicana fascista e inviati nelle colonie di Rimini, ma la maggior parte della popolazione civile, si rifugiò con tende e carriaggi sull'altipiano di **Polleca**, un pianoro di medie dimensioni proprio sotto il monte Petrella.

Questo è il paese dove si compiono la maggioranza di rapine, di saccheggi e di violenze, in particolar nella contrada Polleca.

Moretti, dottore e sindaco del paese denuncerà immediatamente 600 stupri su donne e sullo stesso parroco.

"Da Polleca ad Arva salivano le urla delle donne trascinate a forza, mitra alla mano, a quel sacrificio brutale: le loro invocazioni riempirono le calde notti di maggio".

Cosi il giornalista Felice Chilanti qualche anno dopo ricorda quei momenti. Un insieme di violenze fisiche e sessuali, ruberie ed uccisioni.

"Il parroco di questo comune don Alberto Terilli che fu testimone di tanti delitti, morì nell'agosto dell'anno scorso di malattia mai confessata.

Una malattia che lo fece deperire di giorno in giorno agli occhi dei parrocchiani: forse egli portò con sé un suo spaventoso segreto.

Gli uomini difesero le loro donne, qualche volta fino alla morte.

Il messo esattoriale di Esperia, Luigi Assante, un uomo sui 40 anni, fu ucciso a baionettate per difendere le sue due sorelle, Beatrice e Iolanda.

Alla fine della battaglia per la conquista di Esperia caddero nelle mani degli alleati 400 prigionieri che erano nel centro abitato.

Le forze alleate il giorno successivo arrivano a Monticelli, in territorio di Pontecorvo.

Il cammino delle truppe francesi in Italia fu segnato da stupri di massa. Colpirono a Esperia, Ausonia, Pico, Pontecorvo, S. Oliva, Castro de Volsci, Frosinone di, Grottaferrata, Giuliano di Roma, Abbadia S. Salvatore, Radicofani, Murlo, Strofe, Poggibonsi, Elba, S. Quirico d'Orcia, Colle Val d'Elsa, Isola d'Elba... lasciando ovunque un'indicibile scia di violenze, lutti e malattie.

Ad Ausonia decine di donne furono violentate e uccise, e lo stesso capitò agli uomini che tentavano di difenderle.

I marocchini tagliavano il naso e le orecchie ai tedeschi catturati e li mostravano come trofei di guerra, secondo i costumi di guerra delle tribù primitive nelle lotte di predominio tra i clan.

Perfino membri della Resistenza dovettero subire gli abusi.

Come testimonia il partigiano rosso Enzo Nizza:

" Ad Abbadia contammo ben sessanta vittime di truci violenze, avvenute sotto gli occhi dei loro familiari.

Una delle vittime fu la compagna Lidia, la nostra staffetta. Anche il compagno Paolo, avvicinato con una scusa, fu poi violentato da sette marocchini. I comandi francesi, alle nostre proteste, risposero che era tradizione delle loro truppe coloniali ricevere un simile premio dopo una difficile battaglia".

Dai verbali dell'Associazione Nazionale Vittime Civili di Guerra risulta che anche "due bambini di sei e nove anni subirono violenza".

A S. Andrea, i marocchini stuprarono 30 donne e due uomini; a Vallemaio due sorelle dovettero soddisfare un plotone di 200 goumiers; 300 di questi invece, abusarono di una sessantenne.

A Esperia furono 700 le donne violate su una popolazione di 2.500 abitanti.

Nel maggio del 1944 nella zona del Liri i francesi, impegnati nella conquista di Montecassino, si abbandonarono a ogni sorta di violenza contro la popolazione, senza riguardo per il sesso o per l'età.

L'arrivo degli alleati, l'approssimarsi della fine della guerra e l'inasprirsi dei morsi della fame venivano accompagnati in quei giorni dall'intensificarsi dei bombardamenti e dei cannoneggiamenti alleati. A morte, sangue e sofferenze si sarebbero aggiunte altre indescrivibili violenze con l'arrivo dei militari del Corpo di spedizione francese.

Nei comuni di Lenola, Vallecorsa, Amaseno, Castro dei Volsci, Prossedi e Pisterzo, così come era avvenuto nei comuni precedentemente conquistati, si assiste ad una moltitudine di atti di inaudita ferocia.

Il 22 maggio, dopo tre giorni di aspri combattimenti le truppe della IV Divisione franco-marocchina conquistano il paesino di Campodimele, in provincia di Littoria (oggi Latina).

Da qui esse possono procedere speditamente verso Lenola e il Monte delle Fate.

A Lenola si rinnovano violenze sessuali già subite in altri paesi, esse si intensificano il 23 e si protraggono fino al 29 maggio.

Alla fine, si contano 282 casi di stupri verso donne e 18 verso uomini.

Inoltre, vengono uccise due donne e due uomini che si oppongono a tali atti di violenza. A

contrastare i numerosi e ripetuti scempi procurati dalle truppe del Corp Expedition Francais (CEF), ricordiamo un episodio accaduto a Lenola e descritto da Alfonso Felici:

"Raggiunta Lenola sul ciglio della strada, un anziano contadino ci fece segno di fermarci "Correte, correte i marocchini stanno violentando delle donne".

Lo facemmo salire sulla nostra jeep e ci portò in mezzo a certi alberi di castagno.

Una scena terrificante ci apparve davanti.

Dei soldati marocchini come bestie feroci stavano violentando due donne mentre un bambino, di circa tre anni piangeva guardando la scena impaurito. Immediatamente io e Morris con le armi in pugno, li separammo dalle due donne e poi sparammo contro di loro uccidendoli.

Dicemmo all'uomo di sotterrarli al più presto prima che qualcuno se ne accorgesse, o di lasciarli là dicendo che li avevano fatti fuori i tedeschi.

Quella di ucciderli fu una decisione presa all'istante, per rabbia.

Nel dopo guerra furono presentate al Ministero della Difesa circa 25 mila richieste di risarcimento per i danni subiti: un fenomeno di proporzioni gigantesche, ma sicuramente sottostimato, se si pensa che molti per pudore avranno sicuramente rinunciato alla denuncia, celando a tutti quanto accaduto.

I francesi organizzarono una sorta di stupro di massa, tollerato dai Comandi Alleati e (ciò che è più grave) dimenticato dal governo Badoglio.

Le donne si ribellano, cercando disperatamente di sfuggire a una sorte inaccettabile di fame, di malanni, di soprusi, di morte.

Lo stesso fecero i russi in Pomerania e Prussia Orientale nel 1945.

Per dare un'idea del fenomeno basti fare alcuni esempi: a Pio, un ufficiale americano del 351° reggimento dovette assistere senza poter fare nulla a scene d'inaudita violenza a danno d'anziani, donne e bambini, sulla piazza del paese.

Oltre 800 uomini furono selvaggiamente violentati.

Molti erano sacerdoti.

Bambini anche di tenerissima età furono uccisi nei modi più efferati di fronte alle madri.

Mentre le donne erano violentate dal branco, gli uomini che avevano cercato di difendere le proprie famiglie furono impalati.

Per finire, fu trasmessa a molti sopravvissuti la sifilide e la blenorragia, con tutte le conseguenze sociali che si possono facilmente immaginare.

I militari alleati erano d'altronde alla ricerca spasmodica di compagnia e spesso non distinguevano tra signorine e no.

A Polleca, si erano rifugiati circa diecimila sfollati, per lo più donne, vecchi e bambini in un campo provvisorio.

Non solo marocchini, anche le truppe greche, commisero molti stupri

Durante la Seconda Guerra mondiale, stupri, saccheggi, rapine, omicidi furono compiuti a danno di civili italiani oltre che dalle famigerate truppe coloniali francesi del Cef (*Corp expeditionnaire français*) al comando di de Gaulle, anche dai 3000 soldati greci che operarono in Emilia-Romagna e transitarono in Umbria, Molise, Campania e Puglia.

La 3ª Brigata da montagna greca era stata aggregata, dall'agosto '44, alla 2ª Divisione neozelandese del generale Freyberg, all'interno dell'8ª Armata inglese.

I greci parteciparono all'offensiva sulla Linea Gotica e rimasero in Italia per cinque mesi.

I fatti sono documentati da un carteggio fra il Maresciallo d'Italia Giovanni Messe, Capo di Stato Maggiore Generale del Regno del Sud e il suo Segretario Generale degli Affari Esteri, Renato Prunas, insieme a centinaia di denunce ai Reali Carabinieri.

il Segretario Prunas a Messe: "Caro Maresciallo mi sono state riferite in questi ultimi giorni notizie tutt'altro che favorevoli circa il comportamento delle unità greche in azione, le quali rivaleggerebbero con le recenti, dolorose gesta dei marocchini in fatto di rapine, stupri, saccheggi etc".
Risponde Messe il 2 ottobre: "Già qualche notizia mi era provenuta a riguardo, ma per il vero non molto precisa e la documentazione che finora ho potuto raccogliere a riguardo è ancora scarsa [...] Tale problema forma oggetto della mia più vigile attenzione".
Così Messe il 4 ottobre scrive al Ministero dell'Interno facendosi inviare le denunce delle violenze, non solo per intervenire, ma anche perché "tale documentazione costituirà una inoppugnabile controprova da opporre ai tentativi di incriminare le nostre Forze Armate durante la guerra contro le Nazioni Unite".
Leggiamo, così, le tristi e dimenticate storie di Anita B. di Bellaria, che fu violentata in casa dei suoceri riportando lesioni al viso e al collo; di Nella P. che fu derubata di tutto, anello nuziale, biancheria, bovini e poi stuprata; di Cisborto Vittori che, a Riccione, fu mitragliato gratuitamente all'addome.
A Gemmano, militari greci spacciatisi per "carabinieri" rapinano Guglielmo G. e ne violentano la moglie; nello stesso paese stuprano la moglie di Ugo B. davanti ai suoi

occhi, minacciandolo con una pistola; Ida T. subisce la stessa sorte da cinque greci; a Campomarino (CB) 1200 militari greci si accaniscono a fucilate contro i cittadini ferendo due civili, rapinando le case e tentando di assaltare la caserma dei CC; a Spoleto, loc. Agro, tentano di violentare quattro contadine; a Carbonara di Bari, in un negozio, accoltellano la moglie del proprietario; a La Barra (NA) militari greci aggrediscono senza alcun motivo , a colpi di bombe a mano, una casa, uccidono a pugnalate Lucia Cozzolini, ferendo cinque persone, e così via.

Il 10 dicembre, il colonnello Noakes dell'Alto Comando alleato risponde agli italiani scrivendo: "La questione è stata riferita al Comandante in Capo delle Forze Alleate in Italia (il generale inglese Alexander, che poco dopo sarà sostituito dall'americano Clark) il quale ha rilevato che, sebbene gli incidenti siano prospettati come fatti, in nessun caso si è data prova testimoniale che le azioni pretese siano state fatte da truppe alleate.

 Se il Governo italiano fornirà nomi di testimoni e di tutti gli altri particolari a sua disposizione, il Comandante in capo sarà pronto a disporre un'indagine approfondita".

Quindi, non è mai stata disposta un'indagine in tal senso ed ecco perché quei crimini sono rimasti dimenticati.

"E' stato storicamente interessante - commenta Massimo Lucioli – da parte delle commissioni parlamentari l'aver aperto il cosiddetto «Armadio della vergogna» (contenente circa 700 dossier sui crimini di guerra nazifascisti compiuti in Italia durante la Seconda guerra mondiale) ma ora si rende necessario andare a cercare nei nostri archivi come quello di Stato, quello dell'ufficio storico dell'Esercito e altri, dove sono sepolti migliaia di crimini commessi dalle forze angloamericane ancora tutti da studiare e da portare alla luce: le prove sono incontrovertibili, come nel caso dei greci, visto che la documentazione proviene dal Regno del Sud e non può essere certamente considerata «propaganda fascista»".

Luciano Garibaldi scrive che dai reparti marocchini del gen. Guillaume furono stuprate bambine e anziane; gli uomini che reagirono furono sodomizzati, uccisi a raffiche di mitra, evirati o impalati vivi.

A Castro dei Volsci (Frosinone), il parroco don Quirino Angeloni scrisse un promemoria, elencando la successione degli orrori a partire dal 27 maggio del 1944: *"Una maestra di 45 anni dovette sottostare per un'intera notte a un plotone di marocchini, alla presenza del marito che fu legato"*.

Sempre a Castro dei Volsci, i *goumiers* uccisero 42 persone tra uomini e donne.

A Sant'Elia Fiumerapido la storia di Assunta, ragazzina di 13 anni stuprata e picchiata da 13 militari, viene ricordata ogni anno.

All'inizio, arrivarono 30 mila domande.

Nella seduta del 7 aprile 1952 il sottosegretario alle Pensioni dichiarò alla Camera che dalla zona di Cassino erano state presentate ai competenti uffici 17.368 domande d'indennizzo e 7.639 di pensione.

Forse i numeri delle donne violentate non li conosceremo mai.

Gli archivi americani confermano sostanzialmente le accuse mosse dal governo italiano.

Ivanoe Bonomi, allora presidente del Consiglio, scrisse in una nota inviata alle autorità anglo-americane: "L'aspetto più singolare e doloroso della questione è l'atteggiamento adottato dagli ufficiali francesi.

Lungi dall'intervenire o reprimere tali crimini, al contrario hanno attaccato senza sosta le popolazioni civili che cercavano di opporsi a tali atti.

Il documento ricordava che "gli italiani erano particolarmente amareggiati, soprattutto perché sapevano che le truppe francesi di colore che operavano in Italia erano state arruolate in base a un accordo che dava loro il diritto di rubare e saccheggiare".

"Le indagini sono tanto più difficili in quanto i casi di violenza perpetrati dalle truppe marocchine sono significativi, e perché si deve tener conto del pudore di alcune delle donne che sono state violentate, riluttanti a raccontare le violenze subite"

Per una semplice ragione: nell'Italia del secondo dopoguerra molte donne hanno preferito non denunciare violenza subita, rinunciando a un aleatorio misero risarcimento, pur di potersi sposare e rifarsi una vita.

Molti uomini dell'Italia di quel tempo non avrebbero sposato una donna non vergine, seppure avesse subito una violenza.

Per l'opposizione nel Cassinate furono stuprate sessantamila donne.

E si scelse il silenzio.

Quando l'Osservatore romano provò a denunciare le violenze, fu zittito dagli Alleati.

Ma papa Pio XII non volle ricevere a Roma il generale De Gaulle.

Il Vaticano chiese e ottenne che i Goumiers non entrassero a Roma.

Non andò bene invece ai senesi, nella cui provincia i reparti maghrebini si resero di nuovo protagonisti di violenze dopo aver scacciato i nazisti verso nord.

Per protesta, si mormorò, contro quelle violenze.

[...] Solo nell'imminenza del ritorno in Francia, alcuni dei violentatori furono puniti.

Un partigiano della brigata rossa "Spartaco Lavagnini" ricorda: "Sei marocchini vennero fucilati sul posto perché avevano violentato una donna.

Il capitano (francese n.d.r.) ebbe a dirmi: "Questa gente sa combattere benissimo, però meno ne riportiamo in Francia, meglio è".

Poco prima che i marocchini toccassero il suolo provenzale, i loro comandanti, quindi, avevano deciso di riportarli severamente all'ordine tanto che non si registrarono mai violenze ai danni di donne francesi.

Una volta in Germania meridionale, invece, potranno dare nuovamente sfogo ai loro istinti sulle donne tedesche, come riportano alcuni recenti studi.

Segno, quindi, che le efferatezze di queste truppe avrebbero potuto essere certamente controllate e disciplinate.

Fu poi previsto un indennizzo individuale di 150 mila lire, ma le donne dovevano dichiarare al pretore che non avrebbero accampato pretese su eventuali pensioni successive, come vittime civili di guerra.

Molte, per avere quei soldi - pochi, maledetti e subito - firmarono.

Un indennizzo di 150 mila lire, per le donne violentate c'è la possibilità di ottenere la pensione come vittime civili della guerra, ma i tempi delle pratiche sono infiniti e viene vietato di cumulare l'indennizzo con la pensione.

Le donne sono disperate e si organizzano.

Per la prima volta in un convegno a Pontecorvo nell'ottobre 1951 denunciano la loro condizione di miseria e le violenze subite.

Per la prima volta vi fu un protagonismo delle donne.

Nel 1952 la deputata del Pci Maria Maddalena Rossi presentò un'interrogazione parlamentare sulle "marocchinate".

Dal dibattito venne fuori che il governo riteneva attendibile la cifra di 20 mila vittime di violenze.

Alla fine della guerra le istituzioni si dimenticano di quelle donne, come gli storici si dimenticano di quei giorni terribili.

Ma gli stupri non erano ancora riconosciuti come crimini di guerra.

Lo fece l'Onu, e soltanto nel 2008.

Per le donne ciociare, una beffa della Storia.

Nel 2004, celebrando i 60 anni dalla battaglia di Cassino, l'allora presidente della Repubblica, Carlo Azeglio Ciampi, assegnò una medaglia d'oro e dodici d'argento al valor civile ad altrettanti comuni della provincia di Frosinone.

E parlò esplicitamente di quelle violenze nel suo discorso a Cassino: «Nessuno potrà mai perdonare le violenze inflitte alle donne, ai bimbi, agli anziani di Esperia e di tanti altri paesi».

In realtà, la lunga battaglia legale delle donne, tra pudori da superare, ritrosie, diffidenze dei loro compaesani, fu perdente.

Nelle piazze dei paesi ciociari, ad Ausonia e Esperia, sorgono le lapidi che ricordano le vittime della violenza selvaggia dei "marocchi", come li chiamano da queste parti.

Solo pochi bambini meticci sopravvissero e le madri li allevarono amorevolmente rinunciando a sposarsi.
Ma parecchie donne, specie le più giovani, non ressero alla vergogna e abbandonarono il paese per trasferirsi in città dove sarebbe stato più facile dimenticare e farsi dimenticare.

In realtà non superarono mai l'onta dell'oltraggio subìto e rimasero segnate per sempre.

Non avevano più osato guardare in faccia i familiari, e avevano preferito nascondersi come animali spauriti.

Ma nessuno ama parlarne.

I testimoni, e insieme le vittime di quella tragedia, sono morti da tempo.

Ancora oggi si fatica a fare i conti con questa buia pagina di storia, tra rimozioni, negazioni e tentativi di sminuire la portata del dramma.

Infine, voglio sottolineare che non è più ammissibile continuare a tollerare le sistematiche violenze di guerra, gli stupri che continuano ad essere perpetrati, liquidandoli come incidenti di percorso: quale che sia la causa psicologica, sociale o culturale, questi crimini, creano una serie di fratture profondissime e mai rimarginabili, nelle vittime e nella comunità.